Astrología

Encontrarse a Uno Mismo y a los Demás a Través del Horóscopo y los 12 Signos del Zodíaco para el Crecimiento Espiritual, la Consciencia Personal y el Autodescubrimiento

Índice de Contenidos

Introducción
Capítulo 1: Los 12 Signos del Zodíaco
Capítulo 2: Astrología de las Relaciones
Capítulo 3: Encontrarte a Ti Mismo a través del Zodíaco y Crecer a Nivel Espiritual
Capítulo 4: Cómo Puedes Fortalecer tus Relaciones y Amistades Leyendo los Signos del Zodíaco
Capítulo 5: Cartas de Nacimiento
Capítulo 6: Astrología y las 12 Sales Celulares
Capítulo 7: Información Extra
Conclusión
Fuentes y Páginas Web

© Copyright 2018 – Todos los derechos reservados.

No es legal reproducir, duplicar o transmitir cualquier parte de este documento en formatos tanto digital como impreso. Las grabaciones de esta publicación están estrictamente prohibidas y el almacenamiento de este documento no está permitido, salvo autorización escrita del editor, excepto para citas breves en reseñas del libro.

Introducción

Puede que tu viaje haya empezado con un "¿qué es el horóscopo?" y "¿cuál es mi signo?". La astrología es un tema muy interesante y que parece tener sentido cuando leemos o escuchamos los rasgos que vienen asociados a nuestro signo astral. Debido a la sustancial cantidad de acierto entre la población al compararla con su signo zodiacal, llegamos a un punto en que podemos decir que el horóscopo es, ciertamente, real. Y es en este momento que nos damos cuenta y aceptamos que podemos aprovecharnos de nuestros signos para nuestras vidas e, incluso, ¡las amistades y relaciones que tenemos con los demás!

Este libro te proporciona poderosa información y te permite encontrar rasgos personales que te guiarán por el camino de la investigación de todo lo que puedes encontrar usando la astrología.

Ese horóscopo o mapa que aparece como una carta bidimensional que muestra la posición de los planetas, la Luna y el Sol en el preciso instante en que naciste es solamente el principio. Un horóscopo completo, también conocido como carta natal o astral, puede verse como las instrucciones de las cartas que te ha tocado jugar en esta vida.

Sin embargo, esto no implica que en tu vida todo esté ya decidido. Dependen, en gran medida, de ti decidir lo que sigues y los cambios que haces en base a lo que dice tu horóscopo. Teniendo en cuenta tu libre albedrío, el horóscopo refleja tus inclinaciones naturales, las cuestiones a enfrentar, las lecciones por aprender y los problemas que puedas tener que solucionar. Puede usarse como una fórmula abstracta que muestra las energías que posees y los posibles obstáculos de los que debas encargarte.

¡Este libro trata de la parte positiva del tuyo y los demás signos astrales y de cómo puedes usarlos a tu favor!

La astrología puede darte información, lo que la convierte en una clave popular para entenderte a ti mismo y a los que te rodean, pero es probable que no te proporcione respuestas concretas, claras o sencillas a tus problemas. Usar la información de tu horóscopo puede darte visión y comprensión de los motivos por los que te comportas de la forma en que lo haces. Si investigas el horóscopo de las personas con las que tratas de forma habitual, puede que comprendas mejor las acciones de tus amigos, familiares o pareja. Esto puede llevar una mejor aceptación, más paciencia y más tolerancia en las interacciones.

El zodíaco y la teoría de la astrología creen que la humanidad no se ve influenciada solamente por factores hereditarios, experiencias vitales y su entorno, sino por el mismísimo sistema solar en el momento de nacer. Los planetas son vistos como fuerzas vitales y esas fuerzas planetarias afectan a distintos aspectos, dependiendo de la posición zodiacal y cómo se relacionan entre ellos. Al leer los papeles que desempeñan los planetas, los elementos, los signos y las casas, dan lugar a una lectura exhaustiva. La astrología muestra la imagen de una persona y su potencial en base a su carta natal. Cuando tienes al Sol, la Luna o un planeta en un signo en particular, entonces las cualidades de ese signo se ven enfatizadas en tu personalidad y pueden convertirse en algo recurrente en tus experiencias vitales. Este aspecto puede depender del planeta y el signo en cuestión.

Ahora es el momento de descubrir más acerca de los signos astrales. En los siguientes capítulos se discutirá el papel que la astrología y los 12 signos del zodíaco pueden jugar en tu vida.

Capítulo 1: Los 12 Signos del Zodíaco

Todos hemos buscado un significado más profundo para la realidad en la que vivimos. Algo que nos dé una razón de por qué hacemos las cosas que hacemos y quiénes somos. La astrología no es una religión, pero puede ofrecernos una guía para la interpretación de nuestro presente y nuestro futuro. Esta información puede mostrarnos los motivos detrás de los desacuerdos o guiar nuestros pasos en la toma de decisiones que nos pueden cambiar la vida. La astrología nos muestra que en la vida nada sucede al azar. Todo lo que sucede en un momento y un lugar es por una razón.

Babilonia es considerada la cuna de la astrología. Allí se usaban cartas astrológicas para predecir sucesos. Así, enseñaron su forma de astrología a los griegos en el siglo IV a.C., consiguiendo seguidores tales como Aristóteles y Platón. Pasó a ser vista como una ciencia y fue utilizada por los romanos. De hecho, fueron los romanos quienes establecieron los nombres del zodíaco que usamos hoy en día. La palabra *zodíaco* viene de un término griego que significa *círculo de animales*. Los doce ciclos lunares y las doce constelaciones estaban conectadas con las estaciones, por lo que fueron asignadas como señas identificativas (Leo, Escorpio, Tauro, etc.). Esos doce signos fueron divididos en cuatro grupos o "casas". Dichas casas están alineadas con los elementos: Aire, Agua, Fuego y Tierra. Esos elementos ayudan a entender mejor los rasgos positivos y negativos de nuestro signo. Todo esto está basado en la rotación diaria de la Tierra. En aquel momento, solo se conocían cinco planetas, y se creía que cada uno de ellos representaba un rasgo en particular, un área de la vida y poseía poderes distintivos.

- Signos de Agua: emocionales y súper sensibles, muy intuitivos y misteriosos. Estos signos son Cáncer, Piscis y Escorpio.

- Signos de Fuego: Impredecibles, apasionados, enérgicos, pueden enfadarse con facilidad, pero también perdonan rápidamente, creativos e idealistas. Tienen grandes cantidades de energía, son fuertes e inspiran a los demás. Estos signos son Aries, Leo y Sagitario.

- Signos de Tierra: Realistas y conservadores, pero emocionales en el fondo. Conectados con la realidad, prácticos, estables y muy leales. Estos signos son Capricornio, Tauro y Virgo.

- Signos de Aire: Pensadores, inteligentes, comunicativos, analíticos y racionales. Les gusta dar consejos. Pueden ser muy superficiales. Estos signos son Acuario, Géminis y Libra.

Hay doce (12) signos del zodíaco y cada uno está representado por su propio glifo, constelación, planeta, piedra preciosa, color, día de la semana y mucho más. Cada signo tiene su propio conjunto de rasgos, tales como debilidad, fuerza o temperamento. Durante siglos, la gente ha usado esa información para tomar elecciones futuras, elegir amantes y ver lo que traerá el mañana.

ARIES – 21 de Marzo a 19 de Abril

Símbolo:	Carnero	Cualidad:	Cardinal
Día de la semana:	Martes	Planeta regente:	Marte
Parte corporal:	Cabeza, cara	Deseo secreto:	Ser el número uno
Piedra preciosa:	Diamante	Color:	Rojo

Mejor compatibilidad – General:	Libra, Leo	**Mejor compatibilidad – Romántica:**	Acuario, Géminis, Leo, Sagitario
Qué le gusta:	Juegos competitivos, ropa nueva, viajes por carretera, debatir, expresarse verbalmente y mediante hazañas físicas.		
Qué no le gusta:	Perder, compartir sus juguetes, ser ignorado, espacios estrechos, la palabra *no*.		
Elemento:	Fuego. Uno de los 3 signos de Fuego. Como es el primer signo de Fuego, muchos Aries suelen ser pioneros. Conocido como "La Chispa" – ya que la cualidad de cardinal implica empezar cosas nuevas y es un signo de Fuego que extiende la energía rápidamente. Personalidad evasiva y que busca empezar cosas nuevas.		
Planeta regente:	Marte, un planeta guerrero con una fuerza masculina que representa agresividad, instinto y poder, puede ser fuente de energía vital. La parte negativa puede aparecer en forma de falta de tacto, discutidor, insensible, agresivo o confrontacional. Al estar regido por Marte, Aries puede ser propenso a la ira, pero también atrevido, muy enérgico, impulsivo, aventurero y valiente. Como es propenso a la ira, Aries puede ser temperamental y explotar fácilmente.		
Símbolo:	El carnero está basado en el carnero volador del que proviene el vellocino de oro en Jasón y los Argonautas. En la mitología egipcia, Aries estaba asociado con Amon-Ra, cuya representación era un hombre con cabeza de carnero. Además, la palabra *aries* es el nombre en latín del carnero. Su glifo representa la curvatura de los cuernos del carnero, que muestra la determinación y energía inagotable de este signo.		

Aries (continuación)

Personalidad & Perspectiva:	Aries tiene mucha energía y seguridad. Con su actitud de "puedo hacerlo", le gustan las nuevas experiencias y ser el número uno. Puede parecer egoísta y demasiado centrado en sí mismo, la familia y los amigos pueden necesitar bajarle los humos si su soberbia se sale de control. Puede parecer abrasivo, pero nunca se echa para atrás en un desafío. Típicamente, Aries sobresale en cualquier cosa que implique competición y se siente más vivo guiando a otros y teniendo el control. Puede ser impaciente con los que tienen una posición de liderazgo y no los ve como iguales, ya que no le gusta que le diga lo que tiene que hacer una persona con menos talento. Como Aries tiene mucha energía, es buen trabajador. Su lema podría ser "vive, ama y trabaja duro", pero puede desarrollar visión de túnel sobre un proyecto, lo que puede hacerlo parecer un poco egocéntrico. Si un Aries no consigue una palmada en la espalda por sus logros, puede ser grosero y sarcástico. No le gustan los retrasos ni la inactividad. La presencia de Aries suele marcar el comienzo de algo tormentoso y con mucha energía.

Amor/Relaciones:	Aries necesita tomar la iniciativa en lo que al romance se refiere. En las fases iniciales de un romance, muestra sus sentimientos antes de pensar bien las cosas. Puede mostrar a su pareja mucha atención y afecto, incluso si lo que reciben es neutro o negativo. Puede ser apasionado y enérgico, disfruta las aventuras. Puede no tener suficiente paciencia para centrarse en una pareja, ya que necesita emoción todos los días.
Dinero/Trabajo:	Un líder natural, a Aries le gusta más dar órdenes que recibirlas. Suele ir un paso por delante de quienes lo rodean gracias a su energía y mente rápida. Cuando se enfrenta a un desafío, rápidamente mide la situación y prepara una solución. Aries vive en el presente, no se centra en el futuro, por lo que puede cometer errores al tomar decisiones económicas. Pero equilibrará sus ganancias con lo que haya gastado, de manera que siempre parezca encontrar una forma de ganar dinero.
Familia/Amigos:	Aries es tolerante y respetuoso con los que no están de acuerdo con él. Se siente más satisfecho con un amplio rango de amigos con distintos puntos de vista. La honestidad y la rectitud son la mejor forma de tratar con un Aries.

Aries (continuación)

Posibles descriptivos:	Pionero, seguro, dinámico, egoísta, temerario, honesto, entusiasta, ingenioso, impaciente, aventurero, enérgico, atrevido, valiente, temperamental, impulsivo, resuelto, apasionado, optimista, malhumorado, agresivo.
Aries famosos:	Lady Gaga, Celine Dion, Aretha Franklin, Keira Knightley, Victoria Beckham, Al Gore, Heath Ledger, Rosie O'Donnell, Gloria Steinheim, Emma Watson, Kourtney Kardashian, Pharrell Williams, Tommy Hilfiger, Maya Angelou, Robert Downey, Jr., Thomas Jefferson.
Números de la suerte:	1, 8, 17

TAURO – 20 de Abril a 20 de Mayo

Símbolo:	Toro	**Cualidad:**	Fijo
Día de la semana:	Viernes, Lunes	**Planeta regente:**	Venus
Parte corporal:	Mandíbula, cuello, garganta	**Deseo secreto:**	Tener lo mejor de cada cosa
Piedra preciosa:	Esmeralda	**Color:**	Verde y rosa
Mejor compatibilidad – General:	Escorpio, Cáncer	**Mejor compatibilidad – Romántica:**	Cáncer, Virgo, Capricornio, Piscis
Qué le gusta:	Cocinar, fotografía, jardinería, montañas, buena música, sábanas de satén, comida gourmet, ropa de buena calidad, trabajar con las manos.		
Qué no le gusta:	Que le metan prisa, malgastar dinero, cosas sucias, hoteles, mañanas, cambios súbitos, complicaciones, inseguridad, telas sintéticas.		
Elemento:	Tierra. Conocido como "La Roca", se apoya en su cualidad que le confiere estabilidad y su elemento lo hace consistente. Puede parecer testarudo.		
Planeta regente:	Venus es el planeta del amor, el lujo y la belleza, el placer, el romance, el amor, la feminidad y el arte.		
Símbolo:	El glifo representa la cabeza del toro con los cuernos. El toro muestra la testarudez, seguridad y hábitos estables de este signo.		

Personalidad & Perspectiva:	Suele tener fundamento, salvo que esté apasionado o acalorado por algún tema polémico. Tauro adora el arte, el lujo y la naturaleza. Como es un signo de Tierra, disfruta de la naturaleza, pero como le gusta el lujo, no le gusta pasarlo mal. Además, puede parecer materialista. Relajado y pacífico, difícilmente se enfada, pero una vez lo hace puede ser explosivo. Tauro disfruta con placeres sensuales, pero busca estabilidad en su vida. No tiene prisa, Tauro se toma su tiempo para tomar decisiones y puede tardar en comprometerse. Una vez que lo hace, se lo toma en serio. Su forma de aprender es a través de la experiencia. Un Tauro casi siempre termina lo que empieza; suele tomar decisiones correctas y bien fundamentadas. Sin embargo, puede ser testarudo, lo que significa que puede ser difícil llevarse bien con él, sobre todo en proyectos en grupo si no es el líder. Puede ser incapaz de dejar ir los sentimientos. Las mejores cualidades de Tauro son la perseverancia y la paciencia.

Tauro (continuación)

Amor/Relaciones:	Tauro es el signo más posesivo del zodíaco. El hombre Tauro suele casarse de por vida y ser un compañero, padre y amante dedicado. La mujer Tauro se compromete por completo con la relación, es testaruda y le cuesta irse. Pero si alguno de los dos no se siente valorado durante mucho tiempo, se marcha.
Dinero/Trabajo:	Tauro adora el dinero y trabaja duro para conseguirlo. Como es fiable, trabajador, paciente y concienzudo, se atiene firmemente a lo que esté haciendo. La estabilidad es la clave. Lo material, los placeres y las recompensas que gana le da su sentido del valor. Sus finanzas están organizadas y paga a tiempo, ahorrar es parte del plan. Como gana dinero con facilidad, se le dan bien profesiones como banquero, economista, asesor financiero, líder político, artista, cocinero o agricultor.

Familia/Amigos:	Tauro es leal y siempre dispuesto a echar una mano. Sin embargo, necesita confianza antes de profundizar en una amistad. Algunos mantienen toda la vida amistades de la infancia. Una vez que establece una conexión, hace lo que sea necesario para nutrir la relación. El hogar y la familia son muy importantes, le gustan los niños y respetan las rutinas familiares. A Tauro le gusta reír y pasar tiempo con la familia, disfruta siendo el anfitrión y cocinar para una habitación llena de gente. Tauro colecciona cosas, visibles e invisibles, a veces incluso personas. Guarda rencor durante mucho tiempo.
Posibles descriptivos:	Fiable, posesivo, amoroso, paciente, inflexible, resentido, persistente, plácido, cálido, indulgente, codicioso, leal, estable, materialista, testarudo, conservador, honesto, disciplinado, con voluntad firme, realista.
Tauro famosos:	Adele, Al Pacino, David Beckham, Stevie Wonder, Cher, Chris Brown, Channing Tatum, Dwayne Johnson, Megan Fox, George Clooney, Tina Fey, William Shakespeare, James Monroe, Ulysses Grant, Harry Truman.
Números de la suerte:	2, 6, 9, 12, 24

GÉMINIS – 21 de Mayo a 20 de Junio

Símbolo:	Gemelos	**Cualidad:**	Mutable
Día de la semana:	Miércoles	**Planeta regente:**	Mercurio
Parte corporal:	Hombros, brazos, manos	**Deseo secreto:**	Tener todas las respuestas
Piedra preciosa:	Perla, piedra de Luna	**Color:**	Verde claro, amarillo
Mejor compatibilidad – General:	Sagitario, Acuario	**Mejor compatibilidad – Romántica:**	Aries, Libra, Acuario, Leo, Sagitario
Qué le gusta:	Clubes de comedia, teléfonos móviles, guitarras, coches de carreras, libros, música rara, ropa a la moda.		
Qué no le gusta:	Gente cerrada de mente, repetición, estar confinado, rutinas, códigos de vestimenta, estar solo, silencio, naturaleza, figuras de autoridad.		
Elemento:	Aire. Primer signo del zodíaco de este elemento. Géminis exhibe gran sinergia creativa, conectando a unas personas con otras. Signo de Aire conocido, a veces, como "La Brisa Fresca". Encarna su cualidad inherente de mutable en un cambio refrescante de consciencia, este tipo de visión es indicativo de un signo de Aire. Aunque algunos creen que es un signo insustancial. Aire – todos los aspectos de la mente están conectados.		
Cualidad:	Mutable. Como signo mutable, sabe que todo debe cambiar y está preparado para ello. Puede adaptarse fácilmente a los cambios, ya		

	que se siente cómodo con ellos. Un signo cardinal puede dar vida a un plan, llevarse a cabo por un signo fijo y ser pulido y perfeccionado por un signo mutable.
Planeta regente:	Mercurio representa intelecto, lógica, percepción, pensamiento y comunicación. Mercurio representa movimiento y escritura. Con la conexión con Mercurio, Géminis es un gran comunicador, polemista e intelectual. Como es intelectual y multidisciplinar, le cuesta centrarse en una sola tarea por períodos prolongados de tiempo.
Símbolo:	Se usan los gemelos o el número romano II como representación de la dualidad de este signo. Los gemelos, además, muestran creatividad, comunicación e ingenio, que son vitales para este signo de Aire.

	Géminis (continuación)
Personalidad & Perspectiva:	Como Géminis está regido por el símbolo dual de los gemelos, su energía circula de forma rápida, frenética. Disfruta de juegos de palabras ingeniosos y diálogos dinámicos, encuentros intelectuales. Espíritu amable. Le gusta charlar, puede desarrollar una debilidad por el cotilleo. Géminis puede dar una sensación de montaña rusa. Le gustan los coches rápidos, los dispositivos nuevos, ropa a la última, juegos y puzzles; puede parecer que tiene múltiples personalidades. Rara vez les gusta hacer algo a solas. La comunicación es un elemento clave, por lo que se sienten cómodos en fiestas, ya que pueden hablar de prácticamente cualquier cosa. Llevado por la curiosidad, es aventurero por naturaleza y viaja con tanta frecuencia como se puede permitir. La gente se siente atraída hacia Géminis por su ligero brillo. Necesita estimulación intelectual y se empuja a sí mismo mental, física y espiritualmente. Esto quiere decir que puede acabar sabiendo un poco de muchas cosas. Puede tener una lengua afilada, ser egoísta y desconsiderado, pensar solamente en lo que quiere. Puede ser también muy superficial con su conocimiento, mostrarlo solamente por lucirse. Le gustan los colores vibrantes. Generalmente optimista, odia el aburrimiento y tiene un gran sentido del humor. Un Géminis disfruta siendo el centro de atención. Si percibe que algo no está a su favor, lo deja (carrera,

	matrimonio, relación, etc.). El hombre Géminis cambia de trabajo a menudo, mientras que la mujer corta relaciones porque se aburre. Ambos pueden tener tendencia a ponerse serios, pensativos o inquietos de pronto. Como está representado por los gemelos, algunos Géminis sienten que les falta su otra mitad. Esto hace que busquen nuevos amigos, mentores, colegas, amores y otras personas con las que interactuar.
Amor/Relaciones:	Puede flirtear y ligar mucho antes de encontrar a quien encaje con su intelecto y energía. Como necesita pasión, variedad y emoción, cuando elige, es una persona que es a la vez amante, amiga y alguien con quien hablar. Géminis es fiel y atesora su interés amoroso. Comunicación, contacto físico y pasión son aspectos importantes en la relación. El mayor reto para Géminis es encontrar una emoción y una relación que duren y evitar lazos superficiales que puedan ser decepcionantes. Tiene una perspectiva diferente de la vida, una móvil, pero rara vez está seguro de su propia dirección.

Géminis (continuación)	
Dinero/Trabajo:	Para que un trabajo encaje con Géminis debe desafiar su mente. Puede ser un excelente escritor, artista, inventor, periodista, diseñador, orador, comerciante, abogado, emprendedor o predicador. Inventivo, habilidoso e inteligente, necesita un entorno de trabajo dinámico que le proporcione contacto social. Es importante que su

	espacio de trabajo no lo tenga atrapado en la rutina. Muchos Géminis no se centran en cómo conseguir dinero o de dónde viene.
Familia/Amigos:	Géminis adora pasar tiempo con la familia y amigos, especialmente, los miembros más jóvenes. Como le gusta charlar, tiene abundantes contactos sociales. Para estar involucrado con la familia/amigos, necesita comunicarse de forma regular. La familia es muy importante para Géminis. La responsabilidad de mantener una familia puede ser un reto, pero es bueno realizando múltiples tareas, así que usa esas habilidades como padre.
Posibles descriptivos:	Versátil, jovial, adaptable, nervioso, tenso, comunicativo, ingenioso, inteligente, superficial, inconsistente, astuto, elocuente, hablador, animado, inquisitivo, ansioso, sabio, fascinante, original, encantador, resolutivo, egoísta, aventurero, lengua afilada, desconsiderado.
Géminis famosos:	Angelina Jolie, Kanye West, Prince, Johnny Depp, Donald Trump, Tupac Shakur, Macklemore, Kendrick Lamar, Iggy Azalea, Blake Shelton, Kate Upton, Amy Schumer, John F. Kennedy, George Bush, Harriet Beecher Stowe, George Orwell.
Números de la suerte:	5, 7, 14, 23

CÁNCER – 21 de Junio a 22 de Julio

Símbolo:	Cangrejo	**Cualidad:**	Cardinal
Día de la semana:	Lunes, Martes	**Planeta regente:**	Luna
Parte corporal:	Estómago, pecho	**Deseo secreto:**	Cuidar de sus amigos y familia
Piedra preciosa:	Rubí	**Color:**	Blanco
Mejor compatibilidad – General:	Capricornio, Tauro	**Mejor compatibilidad – Romántica:**	Tauro, Virgo, Capricornio, Piscis
Qué le gusta:	Trabajar con niños, comida gourmet, ayudar a sus seres queridos, relajarse cerca o en el agua, museos y galerías de arte, deportes de interior, aficiones que se realicen en casa, dar fiestas.		
Qué no le gusta:	Jugar con suministros de arte, ropa hortera, holgazanear en la cocina, que le metan prisa, tener que pagar el precio completo, comprar antigüedades, música en vivo, hablar en público, comida congelada.		
Elemento:	Agua. A veces conocido como "La Lluvia". Primer signo de Agua, Cáncer es un signo fluido que mantiene su creatividad y emociones fluyendo. Esto hace que quien esté bajo este signo sea un excelente cuidador y que se asegure de que quienes los rodean estén contentos. Puede tener una profunda necesidad de pasar tiempo con la familia. Como signo de Agua, tiene un lado profundo y misterioso.		
Cualidad:	Como signo cardinales se caracteriza por emprender. Es visionario y pionero. Puede perderse en el viaje, pero lo que encuentra		

	en el camino cambia las cosas a mejor. Una vez que empieza algo nuevo, puede que no se quede lo suficiente como para verlo terminado.
Planeta regente:	Luna: representa los estados de ánimo, la feminidad, emociones, intuición, madres e hijos. Afecta a nuestros estados de ánimo más que cualquier planeta. Rige nuestro *yo* interior, da vida a los deseos más profundos de nuestra alma y nuestras emociones. Como la Luna rige en Cáncer, tiende a ser curioso sobre tradiciones y hábitos, puede ser cambiante y adaptativo. Sin embargo, necesita garantías, puede ser exigente y muy tímido.
Símbolo:	El glifo es tanto un cangrejo con las pinzas a los lados como los pechos de una mujer, ya que Cáncer representa a mujeres y madres. Muestra la crianza y las cualidades femeninas de este signo y que Cáncer es el cuidador del zodíaco, alentando a la familia, los niños y el hogar.

Cáncer (continuación)

Personalidad & Perspectiva:	Cáncer se aferra a un trabajo por seguridad y a mascotas y miembros queridos de la familia. Es importante tener un espacio seguro y acogedor. Los cambios son amenazantes. La esencia de la energía de Cáncer es la sensibilidad, feminidad, domesticidad, compasión, romance, instinto maternal, cuidado y creatividad. La energía negativa de Cáncer se inclina al cotilleo, ser hipersensible, pandillas y competitividad. Su intuición y emociones pueden hacer sombra a la lógica y el intelecto. Se guía por las emociones y el corazón. Como lo guía la Luna, puede tener

	patrones emocionales más allá de su control. Puede jugar sobre seguro y acabar sintiéndose asfixiado, lo que puede degenerar en codependencia. Es casero, especialmente la mujer Cáncer, y puede ser un apasionado de la comida al que le guste cocinar y comer. Como persona casera, le gustan las fiestas en casa y se le dan bien los niños y las mascotas, por lo que es excelente padre y cuidador. Puede caminar como un cangrejo, de lado, para enfrentar una pelea o conseguir un objetivo. Tiende a aferrarse a lo que le hace feliz y a no dejarlo ir. Los que están bajo el signo de Cáncer necesitan ser necesitados y saber que importan. Si sus necesidades no son cubiertas, Cáncer puede volverse malhumorado, tímido, reservado, pegajoso, inseguro o melancólico. Tiene un sentido del humor excéntrico. Es bueno escuchando y fiable. Es profundamente intuitivo y sentimental, puede ser desafiante llegar a conocerlo.
Amor/Relaciones:	Lo más importante para Cáncer son sus sentimientos, porque las emociones son muy importantes. Es todo corazón, gentil y bondadoso. Prefiere a una persona que lo comprenda, incluso cuando no habla. Su afecto por cualquiera que sea escamoso, superficial o poco fiable es fugaz. Disfruta del compromiso en las relaciones porque le da sensación de seguridad. Puede cambiar sus creencias y opiniones para encajar con las del ser amado porque ese amor sea importante. En una relación con Cáncer, nunca des por sentado el amor o la compasión que te muestren.
Dinero/Trabajo:	Un Cáncer se subirá las mangas para hacer cualquier trabajo y hacerlo bien.

	Típicamente, trabaja mejor solo que en grupo. Leal a sus empleadores. Buenas opciones de carrera: jardinero, enfermero, mayordomo, decorador o político.

Cáncer (continuación)

Familia/Amigos:	Como Cáncer se dedica a su familia, puede tomar decisiones poco saludables para mantener una imagen de familia sana. Eso puede llevarlo a elegir una pareja abusiva o con mal comportamiento. Se comunica con facilidad. Como signo familiar, disfruta divirtiéndose en la comodidad del hogar, en una atmósfera más familiar y atesora esos recuerdos. Es intuitivo y compasivo. Cuando está contento con su vida personal, puede ser un padre muy cuidadoso que comparte un profundo vínculo con sus hijos.
Posibles descriptivos:	Amoroso, malhumorado, emotivo, imaginativo, sensible, pegajoso, quisquilloso, intuitivo, perspicaz, cauteloso, protector, simpático, compasivo, romántico, maternal, hipersensible, codependiente, tímido, reservado, inseguro, sentimental, melancólico.
Cáncer famosos:	Meryl Streep, Tom Cruise, Ariana Grande, Selena Gomez, Khloe Kardashian, Kourtney Kardashian, Vin Diesel, Robin Williams, Lindsay Lohan, Courtney Love, Pamela Anderson, O.J. Simpson, Gerald Ford, George W. Bush, Nathaniel Hawthorn, Ernest Hemingway, Emily Bronte, Vera Wang.
Números de la	2, 3, 15, 20

| suerte: | |

LEO – 23 de Julio a 22 de Agosto

Símbolo:	León	**Cualidad:**	Fijo
Día de la semana:	Domingo	**Planeta regente:**	Sol
Parte corporal:	Corazón, parte superior de la espalda, columna	**Deseo secreto:**	Dominar el mundo
Piedra preciosa:	Olivina	**Color:**	Dorado, amarillo anaranjado
Mejor compatibilidad – General:	Acuario, Géminis	**Mejor compatibilidad – Romántica:**	Aries, Géminis, Libra, Sagitario
Qué le gusta:	Colores brillantes, teatro, diversión con amigos, cosas caras, ser admirado, vacaciones.		
Qué no le gusta:	Ser ignorado, no ser tratado como una persona importante, enfrentar realidades difíciles.		
Elemento:	Signo de Fuego, a veces conocido como "La Hoguera". El Fuego combinado con la naturaleza fija proporciona calidez. Segundo signo de Fuego del zodíaco, Leo sube la temperatura, es un líder nato e intérprete magnético.		
Cualidad:	Signo fijo; capaz de tomar una idea imaginativa de un signo cardinal y darle vida para convertirla en realidad. Leo es digno de confianza y le gusta tener una lista clara y concisa de cosas por hacer.		
Planeta regente:	Sol: representa vida, vitalidad, ego, creatividad y expresión. Típicamente, el Sol		

	constituye un ego masculino y fuerza vital.
Símbolo:	El glifo representa un león con su melena y ambos lados de un corazón. Un león simboliza la audacia, pasión, drama y cualidades juguetonas de este signo.
Personalidad & Perspectiva:	Leo está al mando, regio y orgulloso. Le gusta la relajación, la comodidad y la calidez. Leo ve la imagen completa, no los pequeños detalles. Por lo general no tiene paciencia para lo aburrido, complicado o que supone demasiada implicación. Como líder natural, no lleva bien tener que recibir órdenes. El amor es muy importante para Leo. Ser amado y tener a quien amar es su motivación principal. Se sienten heridos si no se reconoce alguno de sus logros. La gente se siente atraída hacia Leo por su calidez y energía. Leo suele ser honesto, decente y hace lo correcto. Valora el lujo, bienes materiales y la organización, pero tiene debilidad por la extravagancia. Con un gran sentido del valor propio, puede llegar a ser arrogante. Puede acabar sofocando a sus amigos

Leo (continuación)	
Personalidad & Perspectiva (continuación):	y compañeros, lo que puede hacer que algunas personas lo abandonen. Encontrará eso devastados, ya que Leo lo da todo por la familia y la comunidad. Como es generoso y leal, tiene muchos amigos. Con seguridad en sí mismo, es bueno guiando grupos hacia un objetivo común. Cálido y enamorado de la vida, con un sentido del humor saludable, es bueno para tomar la iniciativa necesaria para resolver situaciones complejas. Está

	cómodo cuando se le pregunta lo que necesita, pero puede dejar de lado inconscientemente lo que necesitan quienes le rodean porque está en su propia búsqueda. Le gusta la atención y debe tenerla a cualquier precio. Puede ser materialista.
Amor/Relaciones:	Sincero y apasionado, Leo demuestra sus sentimientos con facilidad. Es leal, divertido, respetuoso y generoso. Asumirá el rol de líder en cualquier relación. Esto puede terminar siendo un agravante para su pareja si impone su voluntad con demasiada frecuencia y con mano dura. Leo necesita una pareja razonable, consciente y que pueda igualar su nivel de inteligencia.
Dinero/Trabajo:	Muy enérgico, ambicioso y creativo, a Leo le gusta estar ocupado. Una vez que se dedica a un trabajo o una carrera, trabaja duro para hacerlo bien. El mejor puesto que puede tener es ser su propio jefe o controlar a otros con poca supervisión. A Leo le gustan los trabajos que le permiten expresar su talento artístico. Le gusta rodearse de dispositivos punteros y el dinero le llega fácilmente, pero lo gasta con poca responsabilidad. Generoso de corazón, puede que los amigos o conocidos se acaben aprovechando para que les preste dinero. Puede sobresalir en el terreno del entretenimiento y usar sus talentos para brillar como el Sol que gobierna a Leo.
Familia/Amigos:	Es un amigo leal, generoso y fiel. Leo nace con la necesidad de ayudar a los demás y es bueno en ello, ya que es fuerte y fiable. No le gusta estar solo, parece que su autoestima viene de las

	interacciones con familiares y amigos. Está en sintonía con sus sentimientos, emociones y mentalidad más que otros. La familia puede no ser su principal prioridad, pero hará lo que haga falta para proteger a sus seres queridos.
Posibles descriptivos:	Generoso, fiel, amoroso, mandón, dogmático, expansivo, creativo, entrometido, pomposo, protector, cálido, regio, entusiasta, abierto de mente, orgulloso, honesto, arrogante, apasionado, enérgico, inteligente.

Leo (continuación)	
Leo famosos:	Mila Kunis, Daniel Radcliffe, Tom Brady, Halle Berry, Chris Hemsworth, Madonna, Charlize Theron, J.K. Rowling, Anna Kendrick, Coco Chanel, Robert DeNiro, Arnold Schwarzenegger, Whitney Houston, Jennifer Lawrence, Bill Clinton, Jennifer Lopez, Barack Obama.
Números de la suerte:	1, 3, 10, 19

VIRGO – 23 de Agosto a 22 de Septiembre

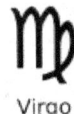
Virgo

Símbolo:	Doncella	Cualidad:	Mutable
Día de la semana:	Miércoles	Planeta regente:	Mercurio
Parte corporal:	Estómago, cadera, sistema digestivo	Deseo secreto:	Ser un héroe
Piedra preciosa:	Zafiro	Color:	Gris, beige, amarillo claro
Mejor compatibilidad – General:	Piscis, Cáncer	Mejor compatibilidad – Romántica:	Tauro, Cáncer, Escorpio, Piscis, Capricornio
Qué le gusta:	Baños largos con jabones muy perfumados, conciertos al aire libre, ordenadores portátiles, revistas, amigos de la infancia, juegos de preguntas.		
Qué no le gusta:	Comida picante, gente vulgar, vagancia, salir de casa.		
Elemento:	Este signo de Tierra es conocido como "La Avalancha". Deja huella en el mundo material. Como segundo signo de Tierra, Virgo traza un plan en torno a las bases sentadas por Tauro. La energía de Virgo nos motiva a probar nuevas formas de realizar viejos proyectos. Esa energía también puede hacer que la gente se atasque en el "y si", haciendo que tengan ansiedad o nerviosismo.		
Cualidad:	Signo mutable. Virgo sabe que todas las cosas tienen que cambiar y debe preparar a todo el mundo para tal eventualidad. Se adapta a nuevas condiciones, ya que está cómodo con los cambios.		

Planeta regente:	Mercurio: representa intelecto, lógica, percepción, pensamiento y comunicación, la habilidad de realizar varias tareas a la vez y tachar la lista interminable de actividades sin acabar. El dios romano Mercurio, el mensajero alado, llevaba a cabo los encargos de los dioses.
Símbolo:	El glifo está diseñado para representar a una doncella llevando una espiga de trigo, intestinos o virginidad. El uso de la doncella muestra las cualidades de inocencia y servidumbre de este signo.
Personalidad & Perspectiva:	Virgo suele ser tranquilo, calmado y apacible en la superficie, pero muy activo en el fondo. Con frecuencia está pensando, calculando y evaluando la situación. Una de sus aficiones favoritas es la jardinería, ya que le gusta ver crecer las cosas. Esto es perfecto, ya que también disfruta del tiempo a solas. Como suele ser detallista, Virgo es un gran estratega. Sin embargo, puede sobrecargarse porque le cuesta decir que no a quienes le piden ayuda. Esto también

	Virgo (continuación)
Personalidad & Perspectiva (continuación):	puede hacer que quienes lo saben se aprovechen. Amable, de naturaleza buena, paciente, le gusta reír y puede ser un oyente empático. El hombre Virgo se compromete mucho en las relaciones, casi nunca rompe una, salvo que se sienta traicionado. La mujer Virgo es buena madre, dedicada y puede llegar a criar hijos que no son suyos. Esto incluye hacer de enfermera, ya que es muy consciente de los problemas de salud (aunque esto puede hacer que sea un

	poco hipocondríaca). También puede ser crítica con cualquiera que considere que no está aprovechando todo su potencial. Virgo es muy terco y da su opinión incluso a quien no la pide. Aunque es amable, puede ser algo contundente al expresarse y parecer brusco. Presta atención, pero aun así le preocupa pasar por alto algún detalle que pueda cambiar una situación que no pueda remediar. Esto hace que se quede atrapado en un bucle de autocrítica y crítica hacia otros. También puede hacer que se vuelva muy perfeccionista. Es cuanto a eso, le gustan la organización, la limpieza, el orden y la dedicación. También tiene un sentido de la escritura y la oratoria muy desarrollado (comunicación). Sin embargo, Virgo puede ser tímido y solamente abrirse a personas en las que confía. Es muy sensual cuando se abre en el amor y el romance.
Amor/Relaciones:	Virgo necesita sentirse seguro antes de exponerse y ser vulnerable. Busca parejas potenciales para que el romance le proporcione el amor y el aprecio que le falta. Prefiere una relación estable y duradera antes que rollos de una sola noche. La confianza debe construirse lenta y pacientemente, hay que cuidarlo. Virgo se siente atraído por la inteligencia.
Dinero/Trabajo:	Su enfoque le permite sobresalir en muchas carreras, especialmente aquellas que requieren resolución de problemas, papeleo y habilidades organizativas. Virgo es muy trabajador, práctico y analítico. Tiene buen ojo para los detalles y está muy en sintonía con los problemas

	de salud. Es muy bueno en el sector servicios y sobresale en trabajos como enfermero, crítico, médico, mecanógrafo, escritor, periodista, profesor, cuidador, consejero y psicólogo. Se le da muy bien ahorrar dinero y siempre guarda algo para imprevistos. Prefiere las soluciones prácticas y económicas. Sin embargo, esto puede hacerlo parecer tacaño.

Virgo (continuación)	
Familia/Amigos:	Sabe resolver problemas y eso lo convierte en una buena fuente de consejos. Virgo alimenta la relación con la familia y los amigos que lo rodean. Para ser más cercano e íntimo con Virgo, haz algo bueno por alguien que conozcas o tu comunidad. Las buenas acciones son la entrada a su círculo más próximo. La tradición es importante y está muy orgulloso de su herencia y sus ancestros. Especialmente atento con los mayores y los abuelos, tías, tíos u otros familiares enfermos.
Posibles descriptivos:	Diligente, inteligente, paciente, modesto, crítico, tímido, exigente, meticuloso, práctico, analítico, fiable, amable, preocupado, duro, conservador, tranquilo, calculador, perfeccionista.
Virgo famosos:	Beyoncé, Michael Jackson, Bernie Sanders, Cameron Diaz, Paul Walker, Kobe Bryant, Jimmy Fallon, Flo Rida, Adam Sandler, Pink, Sean Connery, Amy Poehler, Lyndon B. Johnson, Mary Shelley, Leo Tolstoy, Agatha Christie, Stephen King.
Números de la	5, 14, 15, 23, 32

| **suerte:** | |

LIBRA – 23 de Septiembre a 22 de Octubre

Símbolo:	Balanza	**Cualidad:**	Cardinal
Día de la semana:	Viernes	**Planeta regente:**	Venus
Parte corporal:	Parte baja de la espalda, trasero	**Deseo secreto:**	Amar y ser correspondido
Piedra preciosa:	Ópalo	**Color:**	Rosa, verde
Mejor compatibilidad – General:	Aries, Sagitario	**Mejor compatibilidad – Romántica:**	Acuario, Leo, Géminis, Sagitario
Qué le gusta:	Armonía, amabilidad, compartir, actividades al aire libre (principalmente conciertos), poesía, buenos libros, debates animados, joyería cara, comida rica, ropa de diseño.		
Qué no le gusta:	Violencia, injusticia, bocazas, conformidad, infelicidad, la gente en general y la aburrida en particular, matones, presión para tomar una decisión, escuchar "quizás".		
Elemento:	Signo cardinal de Aire conocido como "Exhalación". Libra trae nueva energía al mundo. Algunos pueden ver a Libra como solo palabrería y poca acción. Sin embargo, como segundo signo de Aire, actúa sobre las ráfagas de aire de Géminis y las convierte en vientos de gracia, encanto y buenas formas. Esto quiere decir que puedes cambiar sin siquiera saberlo. Libra inspira relaciones exitosas a través del compromiso, también en el trabajo en equipo.		

Cualidad:	Signo cardinal. Libra empieza la estación de otoño, por lo que es considerado un líder y una persona de ideas. Los que están bajo este signo son pioneros, les gusta ser los primeros y premian la originalidad.
Planeta regente:	Venus: este planeta representa feminidad, placer, amor, romance, lujo, belleza y arte. Venus, diosa del amor, añade encanto y amplifica todo lo que toca, como la belleza, tu personalidad, la moda, la comida, el arte, etc.
Símbolo:	Este es el único signo representado por un objeto y no por un ser vivo. El glifo representa una balanza, que simboliza armonía y equilibrio. Esto se muestra en la justicia y la equidad de aquellos bajo este signo.
Personalidad & Perspectiva:	Libra necesita estar atento y mantener el equilibrio entre la familia, el trabajo, el tiempo libre, la salud y el espíritu. Como necesita sopesar todas las opciones antes de tomar una decisión, puede parecer indeciso. Es infeliz si ve a gente infeliz a su alrededor, no le gusta verlos así. La paz y la armonía son la clave de la felicidad para Libra. Tiene un sentido del juego limpio tan fuerte que si cree que alguien

Libra (continuación)

Personalidad & Perspectiva (continuación):	está siendo tratado de forma injusta, puede generar un conflicto. Una persona bajo este signo puede beneficiarse de la meditación para alcanzar el equilibrio, pero la mayoría disfruta del ejercicio físico que implique algún componente mental. No tiene que ser necesariamente el líder, pero le gusta asegurarse de que se escuche su voz. Aunque le gusta la justicia, el equilibrio y la equidad, puede guardar rencor. Trata de evitar enfrentamientos, pero odia estar solo, el compañerismo es importante. Posee un fuerte intelecto y una mente aguda. Suele ser aficionado a las cosas caras y se viste bien. Considerado y amable, el romance, el amor y el matrimonio son casi una obligación para Libra. Es, quizás, el más popular de los signos del zodíaco y el que más amigos hace.

Amor/Relaciones:	Encontrar un compañero de vida es probable que sea una de las prioridades de Libra y suele escoger a alguien que lo anime a expresar sus opiniones. Para una relación realmente feliz, su pareja debe reforzar ese vínculo con viajes, música, arte y regalos caros. Libra se ve más satisfecho con parejas que establezcan límites claros, que lo proteja sin poner en juego su orgullo. Una vez que tiene esa relación romántica, el principal objetivo es mantener la paz y la armonía. Libra es el signo del matrimonio, así que la mayoría seguirá un camino tradicional. Aunque es flexible como buen signo de Aire, gravitará en torno a la tradición y su camino le llevará, finalmente, a un oficiante y un ramo. Parte de esto puede venir de querer tener una cierta imagen de cara a los demás. Como Libra y Escorpio están conectados, son sexuales y buscan una relación significativa con una rendición completa de cuerpo y alma. Libra pertenece a la Séptima Casa (la Casa del Matrimonio), que lidia con la ley, matrimonio y divorcio, asociaciones y alianzas. Ningún otro signo del zodíaco necesita del romance y el matrimonio como Libra.

Dinero/Trabajo:	Sea cual sea la carrera que elija, por lo general, Libra no se vuelve adicto al trabajo porque se centra en equilibrar su vida. Equilibrar familia, tiempo libre, trabajo y pareja es la clave para su felicidad. Puede llegar a convertirse en un líder querido, pero no se inclina a ello porque tiene problemas con la toma de decisiones y puede faltarle la iniciativa para organizar a sus empleados. Si llega a una posición de poder, trabajará muy duro para merecer los privilegios que vayan con esa posición. Busca la equidad,

Libra (continuación)	
Dinero/Trabajo (continuación):	la verdad y la justicia, por lo que es buen oficial judicial, abogado, diplomático y su lado artístico puede hacerlo buen compositor o diseñador. Suele tener el dinero bajo control, pero puede ser simple casualidad debido a que no es capaz de decidir en qué invertir su dinero. Le gustan las cosas caras, pero rara vez deja que gastar dinero saque su peor cara. Solo ocasionalmente disfruta gastando en ropa y joyería caras.

Familia/Amigos:	Muy sociable, Libra da protagonismo a sus amigos, pero puede llegar elegir amigos con los que pueda sentirse superior. Sus amigos tienen que lidiar con su naturaleza indecisa cuando hagan planes. Si no es Libra quien inicia la amistad, participará de ella con todo su corazón. Como tiene tacto y es tranquilo, suele mediar en los conflictos que surjan. Libra puede sacrificarse por el bien de su familia, pero también usará la culpa como arma contra ellos. Puede estar de acuerdo con los miembros más fuertes de la familia solo para mantener la casa en paz y armonía. Puede que vea la paternidad como una forma de compartir sus conocimientos y puntos de vista, pero solo si está seguro de su propio sentido interno de poder.
Posibles descriptivos:	Encantador, cooperativo, diplomático, gracioso, justo, sociable, indeciso, pacífico, con tacto, honesto, de mente abierta, engañoso, vanidoso, frívolo, superficial, leal, refinado, vacilante, conservador, fiel, urbano, idealista.
Libra famosos:	Bruno Mars, Scott Fitzgerald, John Lennon, Simon Cowell, Snoop Dogg, Eminem, F. Ralph Lauren, Kim Kardashian, Zac Efron, Gwen Stefani, Mahatma Gandhi, Vladimir Putin, Jimmy Carter, Dwight D. Eisenhower, Donna Karan.
Números de la suerte:	4, 6, 13, 15, 24

ESCORPIO – 23 de Octubre a 21 de Noviembre		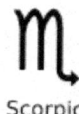	
Símbolo:	Escorpión	**Cualidad:**	Fijo
Día de la semana:	Martes	**Planeta regente:**	Plutón
Parte corporal:	Entrepierna, órganos reproductivos	**Deseo secreto:**	Tener un control completo y total
Piedra preciosa:	Topacio, citrino	**Color:**	Escarlata, rojo, naranja rojizo
Mejor compatibilidad – General:	Tauro, Cáncer	**Mejor compatibilidad – Romántica:**	Cáncer, Virgo, Capricornio, Piscis
Qué le gusta:	Verdad, hechos, tener razón, burlas, viejos amigos, comida picante, peligro, preguntas reveladoras, objetos únicos, música underground, comida orgánica.		
Qué no le gusta:	Revelar secretos, falta de honestidad, gente pasiva, gente ingenua, preguntas personales, halagos falsos, vivir en la casa de otra persona.		
Elemento:	Signo fijo de Agua al que se puede llamar "Hielo". Las mareas de Cáncer son dirigidas por el segundo signo de Agua hacia fuertes torrentes de energía. Está íntimamente conectado con el lado oscuro de la vida y lo inexplorado. Esto le permite ver más allá de la superficie hacia la espiritualidad. Puede obsesionarse con un amante o un proyecto, mostrando inseguridad o celos.		

Cualidad:	El signo fijo Escorpio es un estabilizador, toma la creatividad de los signos cardinales y sienta las bases de un plan. La cualidad de fijo muestra la naturaleza del agua.
Planeta regente:	Plutón: el dios griego del inframundo y todas las cosas ocultas. Escorpio también tiene un regente menor en Marte (dios griego de la guerra), ya que Plutón fue descubierto en 1930. Plutón representa poder, sanación, transformación, obsesión, alquimia y vida/muerte (creación/destrucción). Marte representa guerra, energía, ira, iniciativa, aventura, valor e impulso.
Símbolo:	El glifo representa a un escorpión con su cola puntiaguda. El escorpión se usaba para representar intensidad, profundidad u obsesividad.

Escorpio (continuación)

Personalidad & Perspectiva:	Escorpio anhela la soledad y puede molestarse si no la consigue. Es un gran guardián de secretos y siente sus emociones con más intensidad que otros signos, siendo consciente de sí mismo a edades tempranas. Esto hace que las emociones sean muy importantes para Escorpio. Cree en defender a los que no pueden defenderse solos y necesita ser líder. Escorpio suele ser un gran líder, ya que es resolutivo y está atento a sus alrededores. Destaca en la resolución de problemas y eso hace que se interese por comprender el funcionamiento de las personas. Investiga sobre temas y personas hasta que encuentra la verdad. Ejerce un autocontrol extremo y espera que los que le rodean hagan lo mismo. Escorpio inventó la palabra "vendetta", nunca perdona y olvida, siempre se venga. Quienes están bajo este signo tienden a ser pesimistas, tercos, a veces paranoicos y sospechosos. Sin embargo, Escorpio es conocido por su actitud tranquila. Le gusta un buen desafío, perseverará y los obstáculos no le disuadirán. Le encanta ganar.

Amor/Relaciones:	Un signo sensual, la intimidad y la pasión son muy importantes. Le gusta tener una pareja inteligente y honesta. Cuando Escorpio se enamora, es dedicado y fiel. Prefiere construir las relaciones lentamente, en base a la confianza y el respeto. Ten cuidado cuando pongas fin a una relación con un Escorpio y haz todo lo posible por que sea una separación de mutuo acuerdo y amistosa, ya que es el signo más vengativo del zodíaco. Un ex Escorpio puede ser algo muy malo.
Dinero/Trabajo:	Bueno siendo líder y controlando, cuando establece un objetivo para su equipo, empresa o sí mismo, lo logra. La concentración y determinación que usan al abordar una tarea lo convierten en un buen gerente. Sin embargo, rara vez mezcla trabajo y amistad, por lo que socializa muy poco en el trabajo. Investigador, médico, científico, marinero, policía, detective, psicólogo, consejero o gerente son buenos trabajos para Escorpio. En lo que al dinero se refiere, tiene la disciplina para ceñirse a un presupuesto. Aunque no le da miedo el trabajo duro para conseguirlo, no se inclina por gastar mucho dinero.

Escorpio (continuación)

Familia/Amigos:	Escorpio busca justicia y honestidad cuando hace amigos. Puede ser un gran amigo porque es dedicado y leal. Inteligente e ingenioso, prefiere la compañía de personas a las que le gusta la diversión que le pueden seguir el ritmo. Sin embargo, si lo decepcionas, aunque sea una vez, es probable que no haya vuelta atrás. Cuando se siente herido, es muy emotivo, así que es difícil hacerlo sentir mejor. Cuida mucho a su familia.
Posibles descriptivos:	Franco, decidido, pesimista, sospechoso, valiente, terco, paranoico, honesto, resolutivo, apasionado, constructivo, desconfiado, abierto, espiritual, afectivo, amoroso, tierno, sensible, obsesivo, sincero, vengativo, intuitivo, voluntarioso, perseverante, perceptivo, celoso, violento, reservado, asertivo, decidido.
Escorpio famosos:	Robert Louis Stevenson, Lorde, Sylvia Plath, Theodore Roosevelt, John Adams, Julia Roberts, Ryan Reynolds, Ryan Gosling, Emma Stone, Calvin Kline, Puff Daddy, Kendall Jenner, Caitlyn Jenner, Kris Jenner, Bill Gates, Leonardo DiCaprio, Katy Perry, Drake, Hillary Clinton.
Números de la suerte:	8, 11, 18, 22

SAGITARIO – 22 de Noviembre a 21 de Diciembre Sagittarius			
Símbolo:	Centauro o arquero	Cualidad:	Mutable
Día de la semana:	Miércoles	Planeta regente:	Júpiter
Parte corporal:	Muslos, caderas	Deseo secreto:	Ser el que pone las normas
Piedra preciosa:	Turquesa o tanzanita	Color:	Azul
Mejor compatibilidad – General:	Géminis, Aries	Mejor compatibilidad – Romántica:	Aries, Libra, Leo, Acuario
Qué le gusta:	Libertad, viajar, estar en el exterior, filosofía, mascotas, flirtear, reír, karaoke, apuestas, libros, historias que inspiran		
Qué no le gusta:	Teorías absurdas, detalles, personas que se aferran, ser limitado, prejuicios, aburrimiento, rutina, que le digan "no puedes".		
Elemento:	Signo de Fuego, a veces conocido como "El Incendio". Es el tercer y último signo de Fuego, Sagitario combina lo pionero de Aries y el liderazgo de Leo en una explosión de sabiduría y acción. Sagitario nos empuja a perseguir las infinitas posibilidades porque es el eterno optimista.		
Cualidad:	Mutable. Sabe que todo lo bueno debe cambiar y su rol es ayudar a los demás para ese cambio. Cambia para adaptarse a las situaciones. Su cualidad mutable de energía desenfrenada aparece como un estallido. Sin embargo, esa explosión descontrolada se consume rápidamente, como un incendio.		

Planeta regente:	Júpiter: representa suerte, crecimiento, abundancia, expansión, aprendizaje, viaje y religión. Como el planeta es el más grande del Sistema Solar, aquellos bajo este signo tienen grandes personalidades. Júpiter era el dios romano más venerado, haciendo que Sagitario quiera lo mejor y lo más grande, a veces hasta el punto de la sobreindulgencia.
Símbolo:	El glifo representa el arco del centauro o a un arquero. La flecha del glifo apunta hacia arriba para mostrar optimismo y su ideal espiritual. Esto simboliza la honestidad y sabiduría de este signo.

	Sagitario (continuación)
Personalidad & Perspectiva:	Le encanta descubrir cosas nuevas, viajar, la carretera y conocer gente. Es muy infeliz atado a una rutina normal, se ponen inquietos sin variedad. Muy inteligente, disfruta aprendiendo y lo cuestiona todo. Gran soñador, pero puede dejarse llevar por planes grandiosos y poco realistas, les cuesta terminar las cosas porque se distraen con nuevas aventuras por el camino. Puede centrarse en la imagen completa, pero verse atrapado por los detalles. Con su cualidad de soñador, puede dar la impresión de bocazas, prometiendo más de lo que puede cumplir. Con su sentido del humor divertido, generoso e idealista, hace que rápidamente lo perdonen. Dale espacio, ya que no le gusta estar confinado, y viajará con una mente abierta. Su búsqueda de espiritualidad y filosofía puede inspirarlo a vagar por el mundo en busca del significado de la vida. Sagitario quiere estar en constante contacto con el mundo para experimentar todo lo que pueda. La libertad no tiene precio para Sagitario, así puede explorar y viajar. Honesto y directo, a veces llegando a no tener tacto, es abierto y tolerante.
Amor/Relaciones:	Considerado el más feliz de los signos. Dispuesto a probarlo casi todo, increíblemente juguetón, abierto, humorístico, apasionado y expresivo. Puede costarle ponerse serio y sentar la cabeza, ya que le gustan la diversidad y el cambio. Esto puede hacer que tenga

	muchas parejas hasta que encuentre la adecuada. Sin embargo, una vez que esté verdaderamente enamorado, es fiel, leal y completamente dedicado. Le va mejor con parejas inteligentes, sensibles y expresivas.
Dinero/Trabajo:	Si puede visualizar su objetivo, hace lo que haga falta para conseguirlo. Le gustan los puestos con atmósfera cambiante y distintas labores. Buenos trabajos: artista, fotógrafo, investigador, entrevistador, agente de viajes, presentador, vendedor, reportero o embajador. Disfruta ganando/gastando dinero. No le preocupa demasiado cómo conseguir dinero, pero siente la necesidad de correr riesgos, incluso si parecen tontos o poco prácticos. Suele creer que el universo le dará lo que necesita. No se le da bien controlar las finanzas y el dinero porque es indisciplinado y desperdicia mucha energía.

	Sagitario (continuación)
Familia/Amigos:	Generalmente rodeado de amigos, ya que es divertido. Le gusta reír y disfrutar de la diversidad en su círculo de amigos. Dedicado a la familia y generoso con su tiempo, afecto y ayuda.
Posibles descriptivos:	Soñador, afortunado, creativo, generoso, idealista, impaciente, sin tacto, curioso, enérgico, extrovertido, entusiasta, honesto, tolerante, inquieto, humorístico, abierto, oportunista, indisciplinado, juguetón.
Sagitario famosos:	Brad Pitt, Taylor Swift, Miley Cyrus, Britney Spears, Sia, Winston Churchill, Mark Twain, Jay-Z, Frank Sinatra, Sammy Davis, Jr., Vanessa Hudgens, Christina Aguilera, Scarlett Johannsson, Jake Gyllenhaal, Chrissy Teigen, Emily Dickinson, Manolo Blahnik, Joseph Stalin.
Números de la suerte:	3, 7, 9, 12, 21

CAPRICORNIO – 22 de Diciembre a 19 de Enero

Capricorn

Símbolo:	Cabra montesa	**Cualidad:**	Cardinal
Día de la semana:	Sábado	**Planeta regente:**	Saturno
Parte corporal:	Piel, huesos, rodillas, dientes	**Deseo secreto:**	Tener todas sus necesidades cubiertas
Piedra preciosa:	Granate	**Color:**	Marrón, negro
Mejor compatibilidad – General:	Tauro, Cáncer	**Mejor compatibilidad – Romántica:**	Tauro, Virgo, Escorpio, Piscis
Qué le gusta:	Música, familia, artesanía de calidad, tradición, ser subestimado, objetivos, títulos, clubes exclusivos, motos, deportes que impliquen correr, estar al mando.		
Qué no le gusta:	Gran cantidad de cosas en cierto punto de su vida, errores por descuido, deambular sin un plan, hacer las cosas sin un propósito, abandonar, gritar en público.		
Elemento:	Signo de Tierra llamado "El Meteorito", ya que se adentran en nuevos mundos de forma independiente. Los elementos de Tierra hacen a Capricornio sólido y absoluto. Tercero y último signo de Tierra, combina las bases de Tauro con los planes de Virgo. Capricornio mantiene la mirada en la imagen completa y es, por tanto, un buen estratega y eso puede inspirarlo a perseguir grandes objetivos.		

Cualidad:	Signo cardinal, el primero del invierno, lo que significa que es una persona de ideas, que guía. Esto quiere decir que le gusta la originalidad y quiere ser pionero (el primero en usar o crear algo nuevo).
Planeta regente:	Saturno: representa estructura, restricciones, tiempo, autoridad, investigación, disciplina, trabajo duro, retraso, obstáculos, privación, pesimismo, recompensas duraderas tras una larga lucha y limitaciones. Saturno, también conocido como Cronos, era el padre del tiempo. Saturno es el planeta de la represión, así que Capricornio puede ocultar secretos extraños bajo su fachada apacible.
Símbolo:	El glifo representa a la cabra como un animal de trabajo, por lo que es un signo de clase trabajadora. Capricornio hace planes a largo plazo, consiguiendo premios y siendo aclamado con frecuencia. En algunas representaciones, la cabra se combina con la cola de un pez para mostrar que la imaginación y la creatividad funcionan en combinación con esos planes.

Capricornio (continuación)

Personalidad & Perspectiva:	Capricornio suele estar orientado al logro de objetivos y decidido a tener éxito, por lo que trabaja duro y le echa muchas horas. Como el logro es muy importante, tiende a ser muy disciplinado y exitoso. Se toma la vida en serio y no es muy tolerante con quienes no lo hacen. Muy bueno tomando decisiones porque es realista y lógico. Orientado a la familia, salvo que sus familiares sean negativos o dañinos, en ese caso se asegura de mantener las distancias. Sentido del humor seco, sarcástico, que puede no encajar con todo el mundo. Para quienes no lo conocen bien, puede parecer aburrido, poco imaginativo, por que se centra en la imagen completa. Mientras que en la superficie puede parecer que no tiene emociones, en su mente hay mucha actividad. Puede parecer egoísta y reservado porque se protege mucho. Capricornio odia equivocarse. Como se centra tanto en el mundo material, puede parecer terco cuando se trata de cambiar su punto de vista. Y puede parecer intolerante porque le cuesta aceptar perspectivas que distan mucho de la suya. Serio por naturaleza y tradicional, pero independiente. Maestro del autocontrol, muy bueno guiando el camino. Aprende de sus errores, pero para evitar quedarse atrapado en el pasado y aliviar su naturaleza pesimista necesita aprender a perdonar. Capricornio puede ser pesimista y negativo, especialmente si encuentran obstáculos en su camino.

Amor/Relaciones:	Aunque el comienzo de una relación con Capricornio es complicado, una vez que atraviesas sus defensas y está enamorado, mantendrá ese compromiso de por vida. Para que el romance sea efectivo, debe demostrarse con actos, no solo con palabras. Sin embargo, aun así puede llevar años que se abra lo suficiente como para hablar de sus sentimientos. Puede parecer que le falta compasión o que no tiene sentimientos cuando trata con sus seres queridos. Su pareja puede apoyarse en Capricornio porque comparten un vínculo duradero que aguanta crecimiento, cambio y evolución constantes. Aun así, no debe esperar que ceda con frecuencia.
Dinero/Trabajo:	Muy orientado a las carreras. Se pone el listón muy alto. Su dedicación, honestidad y perseverancia lo ayudará a conseguir objetivos. Lo que más valora Capricornio es el trabajo duro y la lealtad, esto puede compensar rasgos negativos de aquellos con los que trabaja, incluso si tienen menos talento o inteligencia. No le importa hacer

Capricornio (continuación)

Dinero/Trabajo (continuación):	horas extra, es resolutivo y hará el trabajo. Bueno con los números y el análisis. Los mejores trabajos implicarían administración, cálculos, matemáticas, diplomacia, finanzas y, posiblemente, programación. Le gusta la tradición, así que los trabajos que conlleven papeleo no le molestan (pero los papeles deben estar ordenados y limpios). Valora el dinero y se le da bien controlarlo y ahorrar. Puede ser buen diplomático o político, ya que se le da bien acortar la burocracia y llegar al fondo del asunto. Como todos los signos de Tierra, Capricornio tiene grandes conocimientos, perspicacia y habilidades comerciales, también es conservador con el dinero y bueno con las finanzas.
Familia/Amigos:	Aunque es buen amigo y muy leal, Capricornio no tiene muchas personas en su círculo más cercano. Como es reservado, le cuesta dejar entrar a alguien en ese círculo. Prefiere rodearse de gente que no sea ruidosa y que no haga demasiadas preguntas. Tiene un gran corazón y elije amigos con los que pueda tener conversaciones animadas e inteligentes, que le hagan sentir paz y con los que ser honesto. Como se siente conectado a todo su pasado, sus amigos pueden esperar escuchar las mismas historias una y otra vez, ver fotos antiguas y vídeos familiares. Como padre, puede ser estricto, pero justo. Capricornio quiere ser respetado como cabeza de familia.

Posibles descriptivos:	Perseverante, fiable, digno de confianza, lógico, estable, paciente, persistente, ambicioso, autosuficiente, buen autocontrol, determinado, diligente, honorable, avaro, sarcástico, pesimista, implacable, realista, con los pies en la tierra, cuidadoso, práctico, leal, prudente, sabelotodo, disciplinado, humorístico, responsable, trabajador, caritativo.
Capricornio famosos:	David Bowie, Muhammad Ali, Kate Middleton, Martin Luther King Jr., Michelle Obama, Denzel Washington, Nicolas Cage, Meghan Trainor, Elvis Presley, Pitbull, Liam Hemsworth, Jared Leto, Howard Stern, Betty White, Richard Nixon, Nicolas Sparks, J.R.R. Tolkein, Edgar Allan Poe.
Números de la suerte:	4, 8, 13, 22

ACUARIO – 20 de Enero a 18 de Febrero

Aquarius

Símbolo:	Aguadora	**Cualidad:**	Fijo
Día de la semana:	Sábado	**Planeta regente:**	Urano
Parte corporal:	Tobillos	**Deseo secreto:**	Experimentar libertad total
Piedra preciosa:	Amatista	**Color:**	Azul claro, plata
Mejor compatibilidad – General:	Leo, Sagitario	**Mejor compatibilidad – Romántica:**	Aries, Géminis, Libra, Sagitario
Qué le gusta:	Enseñar, deportes de equipo, tener un propósito o misión, programación, cine independiente.		
Qué no le gusta:	Tener dinero, sentirse aislado, injusticia, reinas del drama.		
Elemento:	Signo de Agua, a veces conocido como "La Respiración Profunda". Instintivamente sabe qué pensamientos son banales y lo que quiere la gente con solo estar con ellos. Aunque eso no lo convierte en uno de ellos. Tercero y último signo de Agua, agrega las ráfagas de Géminis al torbellino que es Libra para crear una tormenta de causas humanitarias. Esto hace que sea un visionario, haciendo que se involucre en una nueva causa, se una a un nuevo grupo social o tenga una misión en la vida. Las personas que nacen bajo este signo ven el mundo como un lugar lleno de posibilidades.		
Cualidad:	Signo fijo. Estabilizador, toma la creatividad de un signo cardinal y empieza a darle forma a un plan.		

Planeta regente:	Urano: representa rebelión, revolución, desprendimiento emocional, individualismo, excentricidad, moda, energía impredecible, humanitarismo, ciencia moderna e inventos. Urano era el dios del cielo. Algunas escuelas creen que Acuario está regido por dos planetas: Urano y Saturno. Saturno añade privación, obstáculos, retraso, trabajo duro, pesimismo e investigación a la mezcla. Esta combinación hace que Acuario sea agitador político y revolucionario. La influencia pesimista de Saturno puede crear desafíos. Urano puede tener una naturaleza tímida, abrupta y, a veces, agresiva, pero también tiene una cualidad de visionario. Acuario puede percibir el futuro y planifica años de su vida por adelantado.

	Acuario (continuación)
Símbolo:	El glifo representa agua y flujo de energía o longitud de onda. Uno de los pocos signos que no está representado por un animal, sino por un elemento. Las ondas en el agua expresan el humanitarismo de este signo.

Personalidad & Perspectiva:	El núcleo de este signo es la conexión, pero en la superficie puede no parecer muy emotivo. Sin embargo, suele ser porque Acuario está preocupado por ayudar a los demás e intercambiar ideas. Muy inteligente, enérgico y talentoso, necesita tiempo a solas para pensar. Si no puede hacerlo, se deprime. En contraste, no le gusta estar solo. Puede ser rencoroso si siente que no se valora su opinión. Puede parecer excéntrico por sus períodos de intensa introspección. Puedes ver a Acuario recorrer toda la gama de expresiones de temperamental a intransigente, distante a animado. Pensador profundo, le fascinan los dispositivos y le encanta inventar y jugar en un taller. Sin suficiente estimulación mental, se puede aburrir y perder motivación para algún proyecto o causa. A Acuario le gusta pelear por causas, pero puede romper promesas a aquellos involucrados. Aunque tiene fama de frío o distante, al menos al principio, es generoso con su tiempo y sus recursos. Solamente necesita confiar antes de expresarse. En busca de una causa por la que luchar, Acuario puede volverse muy soñador, poco realista o poco práctico, perdiendo contacto con la realidad. A veces, incluso puede volverse fanático con sus puntos de vista y destructivo con sus críticas.

Amor/Relaciones:	Para Acuario la estimulación intelectual es el mejor afrodisíaco. Los mejores rasgos en una pareja son una buena comunicación, imaginación, sinceridad y deseo de correr riesgos. Para una relación a largo plazo, la integridad y la honestidad son los rasgos más esenciales. Una vez que está enamorado, Acuario es totalmente comprometido, leal y no es posesivo.
Dinero/Trabajo:	Su carrera suele implicar ayudar a otros, ya que Acuario está preocupado, principalmente, por el bienestar de los demás. Lleva a cabo con entusiasmo cualquier trabajo que desempeñe. Acuario prefiere carreras que le hagan aprender y desarrollarse. Su inteligencia, combinada con la voluntad de ayudar, inspira a quienes le rodean. Es un visionario poco convencional al que le gusta hacer del mundo un lugar mejor. Carreras con las que encaja bien:

	Acuario (continuación)
Dinero/Trabajo (continuación):	fotografía, piloto, profesor, escritor y actor, pero cualquier trabajo que implique ayudar a los demás sin muchas restricciones o directrices le parece atractivo. Tiene talento para mantener equilibrado el ahorro y el gasto de dinero.
Familia/Amigos:	Muy amistoso, hace amigos dondequiera que va. Excelente estableciendo redes. Los amigos y familiares de Acuario deben ser honestos e íntegros, creativos e inteligentes. Aunque tiene un fuerte sentido del deber hacia ellos, no mantendrá esos vínculos si no cumplen esos requisitos. Hará cualquier cosa por sus seres queridos, incluyendo sacrificarse a sí mismo. Acuario pertenece a la Undécima Casa, la Casa de los Amigos, que se encarga de la vida social, la amistad, las esperanzas y los deseos. Aunque tiene muchos amigos, también le gusta estar solo, así que tiene que encontrar el equilibrio. Como es muy activo y está involucrado en el cambio social, tiene una lista muy larga de personas que conoce.
Posibles descriptivos:	Generoso, paciente, tolerante, amistoso, inteligente, poco convencional, enérgico, talentoso, progresista, original, independiente, distante, filosófico, honesto, humilde, tímido, decidido, cauto, perverso, independiente, directo, excéntrico, fiable, tolerante, amable, considerado, útil, con mentalidad de comunidad, humanitario, imparcial.

Acuario famosos:	Oprah Winfrey, Jennifer Aniston, Justin Timberlake, Alicia Keys, Bobby Brown, Sarah Palin, Michael Jordan, Ellen DeGeneres, Ed Sheeran, Shakira, John Travolta, Abraham Lincoln, Franklin Roosevelt, Ronald Reagan, Gertrude Stein, Charles Dickens, Christian Dior.
Números de la suerte:	4, 7, 11, 22, 29

PISCIS – 19 de Febrero a 20 de Marzo			
Símbolo:	Pez	Cualidad:	Mutable
Día de la semana:	Jueves	Planeta regente:	Neptuno
Parte corporal:	Pies	Deseo secreto:	Encontrar amor incondicional
Piedra preciosa:	Aguamarina, heliotropo	Color:	Malva, lila, morado, violeta, verde agua
Mejor compatibilidad – General:	Virgo, Tauro	Mejor compatibilidad – Romántica:	Tauro, Cáncer, Escorpio, Capricornio
Qué le gusta:	Reír, romance, cartas largas, bailar, pasear por la playa, estar solo, música, temas espirituales, medios visuales, nadar, juegos de azar.		
Qué no le gusta:	Dar órdenes, luz diurna, malos diseños, realidad, música ruidosa, crítica, revivir el pasado, crueldad, gente que cree que lo sabe todo.		
Elemento:	Signo de Agua, a veces llamado "La Inundación", porque llegan a todas las personas y les dejan huella por mucho tiempo después de su encuentro. Como tercer y último signo de Agua, mezcla el sentimentalismo de Cáncer con la fuerza de Escorpio, creando un océano de emociones. La expresión emocional de la creatividad juega un papel muy importante.		

Cualidad:	Signo mutable. Sabe que las cosas deben cambiar y se siente cómodo con el cambio. Como signo mutable de Agua, Piscis explora y se ajusta a los sentimientos de los que le rodean. Este signo ofrecerá consejos, información o simpatía, lo que sea más apropiado, con frecuencia.
Planeta regente:	Gobernado por Neptuno: representa sueños, ilusión, espejismo, espiritualidad, teatralidad, unicidad, decepción, inspiración y adicciones. Neptuno era el dios griego del mar y conocido por su temperamento furioso. Según algunos, Piscis está regido por dos planetas: Neptuno y Júpiter. Júpiter se encarga de la protección, la expansividad, la generosidad, las oportunidades, la suerte y el optimismo.
Símbolo:	Dos peces enfrentados en direcciones opuestas para mostrar la dualidad de la naturaleza de Piscis. También puede mostrar los planes que acechan bajo la superficie de este signo del zodíaco inclinado a la fantasía.

Piscis (continuación)

Personalidad & Perspectiva:	No le gusta ver infelices a otras personas. Empático, está decidido a ayudar a quienes lo necesitan y puede verse envuelto fácilmente en el drama de otra persona. Al sentir las cosas tan profundamente, puede preocuparse constantemente, haciéndolo indeciso. En consecuencia, puede faltarle decisión por su incapacidad de tomar decisiones. Puede ser un serio soñador, por lo general feliz y vibrante. Piscis puede ser difícil de conocer, ya que es reticente a compartir algunas cosas. Profundamente religioso, puede llegar a ser algo maniático con sus creencias, llegando al fanatismo y la intolerancia. No le gusta herir sentimientos y no es un buen líder. Es amigable, cuidadoso, intuitivo, desinteresado, compasivo y deseoso de ayudar a los demás. A veces juega el papel de víctima o mártir para ser el centro de atención. Uno de los signos más tolerantes, nunca juzga y siempre perdona. Sin embargo, Piscis puede ser reservado, engañoso y calculador. Como último signo, muchos creen que experimenta la energía de los signos que le preceden y está más cerca de la barrera entre este mundo y el siguiente. Puede ser muy optimista y le gustan los juegos de azar, se le dan bien cantar, bailar y actuar. Le encanta participar o ver teatro. Se desanima y se rinde fácilmente, puede deprimirse por su forma pesimista de ver la vida. Es fácil de persuadir, inspirar, engañar o convencer para comprar algo. Muy impresionable, ofrece poca o nula resistencia cuando sí debería. Por ello, cae fácilmente en la tentación y no tiene fuerza de voluntad.

Amor/Relaciones:	Verdadero romántico, leal, cuidadoso, amable y generoso incondicional. Piscis es un amante apasionado que busca sentir una conexión real. Son comunes las relaciones a corto plazo. Puede, sin embargo, mostrar celos algunas veces. Cuando se trata del amor, el carisma de Piscis juega un gran papel en su personalidad. Tiene una naturaleza sensible y valora profundamente las cualidades internas de su pareja. Es más feliz cuando está en una relación o involucrado en un proyecto creativo. Piscis disfruta del romance, el cortejo, las citas y todo lo relacionado con el comienzo de una relación.

	Piscis (continuación)
Dinero/Trabajo:	Dedicado, incluso si no es completamente feliz, Piscis se quedará décadas en la misma empresa. Da lo mejor de sí en una carrera que le permita usar su habilidad creativa y hacer obras de caridad. Buenas opciones son: abogado, músico, trabajador social, veterinario, diseñador de videojuegos, vendedor o arquitecto. Puede trabajar en causas perdidas porque siente la necesidad de cambiar la vida de los demás. Cualquier organización sin ánimo de lucro será afortunada de tenerlo, ya que es muy bueno solucionando problemas, dedicado, fiable y trabaja duro. No piensa mucho en el dinero o en ganarlo, pero lo ve como un medio para conseguir sus objetivos. En cuanto a sus hábitos, puede ir de cualquiera de las dos maneras: gastar demasiado y sin cuidado o no gastar nada y parecer miserable.

Familia/Amigos:	Piscis puede ser el mejor amigo que tendrás y pondrá las necesidades de sus familiares y amigos por encima de las propias. Leal, devoto, compasivo, amable y bondadoso, tu amigo Piscis tratará de resolver cualquier problema lo mejor que pueda. Y no creas que puedes ocultárselo, ya que sentirá intuitivamente que algo anda mal. Es muy expresivo y comparte sus sentimientos con todos los que le rodean; espera que todo el mundo sea igual de abierto. La comunicación fácil y frecuente es esencial con amigos y familiares. Como tiene una comprensión intuitiva del ciclo de la vida, establece las mejores relaciones emocionales.
Posibles descriptivos:	Soñador, engañoso, considerado, amoroso, afectivo, digno de confianza, psíquico, solidario, intuitivo, artístico, creativo, imaginativo, abierto de mente, leal, reservado, talentoso, tolerante, calculador, alegre, fiel, idealista, ahorrador, simpático, amable, vibrante, indolente, oportunista.
Piscis famosos:	Albert Einstein, Rihanna, Justin Bieber, Adam Levine, Carrie Underwood, Kesha, Steve Jobs, Kurt Cobain, Eva Longoria, Drew Barrymore, George Washington, Andrew Jackson, Victor Hugo, Dr. Seuss, Henrik Ibsen.
Números de la suerte:	3, 9, 12, 15, 18, 24

Capítulo 2: Astrología de las Relaciones

Los signos con el mismo elemento (Aire, Agua, Fuego y Tierra) pueden entenderse mejor entre ellos. Pero también hay elementos complementarios: Aire combina bien con Fuego y Agua con Tierra. La atracción más fuerte suele darse por el signo opuesto.

Aquí están las compatibilidades más fuertes de cada signo:

Aries: Acuario, Géminis, Leo y Sagitario

Acuario: La combinación de la visión de un Acuario y la acción de un Aries los convierte en una unión muy creativa. La relación no será aburrida, ya que ambos pueden ser bastante competitivos. Se comunican muy bien. Ambos buscan emoción y nuevas experiencias, pero entienden las perspectivas idealista y entusiasta de la vida del otro. La admiración es mutua; a Aries le encanta lo único que es Acuario y Acuario disfruta con la energía de Aries. La conexión es innegable, pero lo mismo pasa con las diferencias. Aries puede ser demasiado posesivo y pensar que su pareja Acuario puede ser muy impredecible. Esto hace que sea vital que ambos aseguren continuamente a su pareja que todo va bien y que la relación es importante.

Géminis: Aries y Géminis tienen una conexión a nivel intelectual y físico. Son poderosamente parecidos en que ambos son optimistas y activos. Estos signos suelen tener una gran comunicación y se entienden profundamente. Géminis valora la independencia y admirará el espíritu independiente de Aries. Pueden surgir discusiones si Aries se vuelve muy controlador o se toma la naturaleza ligona de Géminis demasiado en serio. Juntos se equilibran. Aries quiere hacer cosas nuevas y Géminis quiere hablar sobre ellas. Ambos tienen mucha energía y la inteligencia y habilidad de Géminis para ver todos los lados de un problema ayudarán a Aries, que le gusta meterse de lleno en nuevos proyectos. Mientras que Géminis puede dudar sobre qué proyectos empezar, Aries es capaz de tomar la decisión y encargarse de todo. Ambos están regidos por planetas que representan comunicación, pero su enfoque puede ser distinto.

<u>Leo</u>: Saltan chispas entre Aries y Leo. Ambos símbolos de Fuego son apasionados, enérgicos y competitivos, lo que significa que hay mucha acción en esta unión. Como ambos quieren estar al mando, esto puede crear problemas, pero sienten respeto y admiración el uno por el otro. Si pueden, simplemente, turnarse para estar al mando, tendrán una relación más armoniosa. Con una pasión feroz y esa competitividad por el dominio, esta unión puede estar cargada de drama. Ambos son orgullosos e impacientes, puede surgir más drama porque a Leo le gusta que le suban el ego, pero como eso aburre a Aries, es posible que no lo complazca. Leo es ligón y eso puede empeorar las cosas. A pesar de esas diferencias, Leo puede ser un gran consejero para Aries. Ambos están gobernados por planetas de energía masculina, por lo que se entienden entre ellos.

<u>Sagitario</u>: Estos compañeros tienen mucho en común y son muy compatibles, siendo pioneros y exploradores. Ambos ansían aventura y nuevas experiencias, pero puede ser una unión propensa a los accidentes. Sagitario puede pasar por alto los pequeños detalles y Aries siempre tiene prisa. Pero el aburrimiento puede abrirse paso, ya que ambos tienen energía para empezar cosas nuevas, lo que puede hacer que nunca acaben nada. Aries y Sagitario pueden ser grandes amigos y fantásticos amantes. Como ambos son optimistas, los problemas escasean, pero la necesidad de independencia

puede provocar roces. Sagitario tiene una necesidad aun mayor que la de Aries. Aunque ambos perdonan rápido, Aries puede ser un poco más sensible. Sagitario suele hablar sin pensar y, por tanto, pasar bastante tiempo disculpándose por ello.

Tauro: Piscis y Virgo

Piscis: Tauro y Piscis forman una unión feliz. Tauro es práctico y Piscis es idealista. Ambos son cuidadosos y valoran la estabilidad y la armonía. Piscis sueña y Tauro le pone los pies en la tierra. Piscis ofrece la amabilidad y la naturaleza gentil que Tauro valora en una pareja. Cuando Venus (el planeta de Tauro) y Neptuno (el planeta de Piscis) coinciden, se forma un adorable lazo espiritual. Ambos con energía femenina, juntos encarnan una relación ideal, rayando lo celestial.

Virgo: La unión entre Tauro y Virgo es práctica. Ambos signos valoran la practicidad en todos los aspectos de sus vidas diarias. Sinceros y dedicados el uno al otro, los dos tienen mucha integridad. A Tauro le gusta la mente rápida de Virgo y este aprecia la fuerza de Tauro. Esta relación puede tardar en desarrollarse, ya que Virgo es cauto, pero con buenas bases, ambos se involucran a largo plazo. Estos dos signos valoran el sentido común y la practicidad, a la vez que son materialistas. La tendencia de Virgo a analizarlo todo puede dar lugar a críticas y Tauro puede tomárselo demasiado en serio. Virgo puede enfadarse por la naturaleza terca de Tauro, lo cual puede hacer que Virgo lo critique con más frecuencia. Ninguno debería tomarse al otro demasiado en serio.

Géminis: Acuario, Géminis y Libra

Acuario: Este par puede crear una conexión mental bastante estimulante; Acuario está lleno de ideas y a

Géminis le encanta eso. Los dos necesitarán su independencia, pero como es algo mutuo, ambos entenderán esta necesidad. A veces, Acuario puede sentir que Géminis arrastra demasiado los pies y Géminis que Acuario es demasiado terco. Pero ninguna de estas cosas debería suponer un problema importante. En general, se entienden y encajan bien. Ambos tienen gran cantidad de energía y son de mente rápida, compartiendo nuevas y mejores ideas. Con la fuerza de voluntad de Acuario será más probable que pongan esas ideas en marcha. Ambos signos detestan perder el tiempo y Acuario ayudará a Géminis a concentrarse, pero debe tener cuidado y darle espacio y libertad, ya que no le gusta sentirse presionado.

Géminis: Dos Géminis son casi como cuatro personas formando un vínculo y nunca será aburrido. Ambos tendrán la misma necesidad de estimulación intelectual y estarán hablando casi siempre, pero funcionará por un constante intercambio de ideas. Dos Géminis juntos serán mucha libertad y comunicación y pueden acabar siendo la pareja favorita de su círculo de amigos. Evitar la competición y cooperar asegurarán que la relación marche mejor y sigan siendo felices.

Libra: Una personalidad de dos mitades adora el equilibrio que tiene Libra. Y Libra estará interesado en los aspectos inteligente y hablador de Géminis. Mientras que Géminis se centra en las ideas, Libra ama la belleza y el arte. Por ello, una visita a un museo de arte y después un café para discutir lo que han visto podría ser su tarde perfecta. Ambos tienen mucha energía mental y pueden hacer tormentas de ideas de todo tipo cuando se unen. Por suerte, Libra también tiene la iniciativa para poner en marcha esas ideas, que es algo que le falta a Géminis.

Cáncer: Piscis y Escorpio

Piscis: Ambos, Cáncer y Piscis, son empáticos y tolerantes. Piscis puede sentirse energizado por las ideas de Cáncer. Cáncer puede guiar a Piscis con su naturaleza práctica y este puede enseñarle un mundo de espiritualidad y creatividad. Mientras que Piscis tendrá una cantidad de cosas mínima, a Cáncer le encantan las posesiones, ansiando comodidad y lujo. Esto puede hacer que no parezcan compatibles, pero la profundidad emocional compartida por Cáncer y Piscis puede hacer que sea una unión muy gratificante.

Escorpio: Ambos son signos de intensa energía que combinan bien con las fuerzas de su pareja y equilibran las debilidades del otro. Una relación entre estos dos se verá realzada, por lo general, por una fuerte atracción sexual. Cáncer y Escorpio suelen tener mucho en común, lo que les da el potencial para mantener una relación apasionada y fuerte. A Cáncer y Escorpio les gusta un hogar cómodo y disfrutan comprando cosas juntos para crear ese espacio. Escorpio lucha por el poder, mientras que a Cáncer le gusta la seguridad. Como ambos se centran en la familia y el hogar, se complementan muy bien.

Leo: Aries, Géminis, Libra y Sagitario

Aries: Los dos son signos de Fuego competitivos, por lo que les gusta estar al mando. Esto puede crear bien mucha pasión o bien mucho conflicto. Ambos pueden ser orgullosos, impacientes y dominantes. Como Leo es un ligón y necesita ser adorado, Aries puede molestarse o aburrirse con eso.

Géminis: Esta unión será alegre, esperanzadora y fogosa. Como Leo es dramático y creativo, Géminis estará satisfecho con la estimulación mental de la pareja. Pero, aunque Leo es también ligón, puede que no le guste el deseo de Géminis de hacer lo mismo. Y si Géminis cree que Leo trata de exhibir mucho control sobre la relación, puede surgir el conflicto. Sus diferencias al abordar un problema – intelectual frente a instintivo – también puede provocar algunas peleas.

Libra: Una agradable unión amorosa. Como están separados por dos signos, tendrán un profundo entendimiento. La armonía de Libra compensará la energía de Leo. El encanto y el tacto de Libra también pueden ayudar a calmar la personalidad más directa y áspera de Leo.

Sagitario: Dinámica y llena de vida, es divertido estar cerca de esta pareja. Uno anima al otro a apuntar alto. Ambos son extremadamente sociables, les gusta ser los líderes en sus grupos de amigos.

Virgo: Capricornio y Tauro

Capricornio: A Virgo le encanta la intensidad de Capricornio y a este le encanta la atención a los detalles y la intuición de Virgo. Una pareja inteligente y muy racional. Sus cimientos son el enfoque realista y la necesidad de seguridad material de ambos. Ninguno permitirá que sus emociones saquen su peor lado y mostrarán una dedicación admirable por conseguir sus objetivos.

Tauro: La palabra clave es práctico. Como Virgo es de naturaleza cauta, cualquier relación entre estos dos puede tardar en desarrollarse. Los dos disfrutan de las mejores cosas de la vida, pero trabajarán duro para conseguirlas. La mente rápida de Virgo complementará la dedicación y la fuerza de Tauro. Los pensamientos de Virgo pueden generar críticas y esto suponer una carga para Tauro. Y la naturaleza testaruda de Tauro puede ser un obstáculo para Virgo. Ambos deben aprender a no ser tan serios.

Libra: Leo y Sagitario

Leo: Separados por dos signos en el zodíaco, esto los convierte en una pareja encantadora. La armonía de Libra equilibrará la energía de Leo. Cada uno apreciará y se beneficiará de los aspectos constrastantes del otro. Por ejemplo, la personalidad más incisiva y directa de Leo se verá suavizada por las buenas maneras y el encanto de Libra. Leo ayudará a Libra a tomar decisiones.

Sagitario: Estando separados por dos signos en el zodíaco, este es un romance armonioso. Libra aprecia el arte y la belleza; Sagitario está en constante búsqueda de experiencias y conocimiento. Explorar un museo de arte en una ciudad nueva sería una fantástica primera cita. La relación se mantendrá en su fase romántica durante más tiempo, ya que ambos mantendrán las cosas frescas y emocionantes. Libra puede ver heridos sus sentimientos de forma ocasional cuando Sagitario hable sin pensar. Y Sagitario puede sentirse un poco atrapado emocionalmente. Pero la diplomacia de Libra ayudará a suavizar las cosas rápidamente.

Escorpio: Piscis y Escorpio

Piscis: Ambos son elementos de agua y sienten mucho respeto uno por el otro. Piscis es gentil y amable, cosa que Escorpio admirará mucho. Idealista, Piscis suele retraerse en sí mismo, pero es un rasgo que Escorpio entenderá. Escorpio puede ayudar a Piscis a volver realidad algunos de sus sueños. Puede haber conflictos menores si Escorpio se centra demasiado en las posesiones materiales y no le da a Piscis libertad para dedicarse a la caridad. Las ambiciones a largo plazo son diferentes casi por completo, pero sabiéndolo, pueden trabajar juntos en un plan que les funcione a los dos.

Escorpio: Una tormenta de pasión perfecta. Pueden obsesionarse con uno y otro y la relación avanzará rápido. Será una proposición de todo o nada – la mejor o la más destructiva relación. La intensidad de la unión amorosa hace que el poder que comparten sea inquebrantable, siempre y cuando su energía y pasión combinadas no sean autodestructivas.

Sagitario: Acuario, Aries, Leo y Libra

Acuario: Será una unión única y creativa. Debajo de su conexión amorosa, yacerá una buena amistad, incluso si su espíritu competitivo necesita ser vigilado. Estando separados por dos signos en el zodíaco, tienen una excelente compenetración. Disfrutan del tiempo juntos, ya que ambos son idealistas y entusiastas de la vida. Ambos signos valoran su independencia, pero trabajarán juntos para asegurarse de ser un equipo. La comunicación será la clave de la felicidad.

Aries: Estos dos tienen mucho en común y son muy compatibles. Siempre listos para una nueva aventura, desean tener muchas experiencias en la vida. Pero, como se apresuran y pasan por alto los detalles, pueden tener algunos accidentes. Su mayor reto puede ser hacer de la relación un acuerdo a largo plazo. Ambos perdonan y olvidan rápidamente, por lo que no guardan rencor por mucho tiempo.

Leo: Sagitario y Leo son muy dinámicos y viven la vida al máximo. Cada uno animará al otro a llegar lejos. La gente disfrutará estando con ellos porque son encantadores y carismáticos. Leo querrá tener el control, mientras que Sagitario querrá examinar cada matiz y elaborar un plan.

Libra: Separados por dos signos en el zodíaco, esta pareja siempre está de acuerdo. Sagitario está en un constante aprendizaje y Libra valora las cosas bonitas. Como a Sagitario le gusta viajar y explorar, Libra será un buen compañero. Su relación permanecerá en la fase de romance durante más tiempo porque ambos son optimistas y trabajarán para mantener las cosas emocionantes. Libra es diplomático y trabajará para resolver cualquier conflicto; ambos son bastante rápidos perdonando desaires.

Capricornio: Piscis, Escorpio, Tauro y Virgo

Piscis: Este puede parecer un caso de "los polos opuesto se atraen" y esta relación puede desarrollarse lentamente, haciéndose fuerte con el tiempo. Muy honestos entre ellos y dedicados a la relación. Capricornio valorará la naturaleza dulce de Piscis; Piscis se sentirá atraído por la gracia y la terquedad de Capricornio. Pueden surgir dificultades si Capricornio domina el lado sensible de Piscis, pero Piscis debería entender que es su forma de ser, no un ataque personal. La mejor parte es su mezcla única de temperamentos.

Escorpio: Como ninguno de los dos abre su corazón rápido, esta relación puede tardar un poco en despegar. Pero, una vez que confíen y estén cómodos, tendrán una intensa conexión de amistad y lealtad. Capricornio, capaz y estable, ayudará a calmar el carácter de Escorpio. Puede que no sean muy estables o tranquilos, ya que a Escorpio le gustan las conexiones emocionales intensas. Esas emociones pueden enseñar a Capricornio a ver más allá de la superficie en la vida. Como signos orientados a los objetivos, si hacen de su relación una meta, tendrán éxito.

Tauro: Realistas, dependientes y conservadores, estos dos signos parecen estar hechos el uno para el otro. Sin embargo, en su interior, pueden ser bastante diferentes. Capricornio pensar que Tauro es muy perezoso, ya que no se centra tanto en su carrera y el éxito.

Tauro puede encontrar a Capricornio demasiado contenido y tradicional. Pero, si pueden encontrar un punto intermedio y cada uno aprender un poquito del otro, la relación saldrá beneficiada. Sus valores similares pueden ser suficientes para superar cualquier brecha.

Virgo: Una base fuerte para la unión de dos cerebros. Estos signos son inteligentes, realistas y racionales. Esperan mucho de sí mismos y de los demás. Capricornio respetará la intuición de Virgo, mientras que este valorará la intensidad de Capricornio. Ambos disfrutan de la seguridad material y no dejan que sus emociones saquen su peor cara. Dedicados el uno al otro, con objetivos similares, sus intereses mutuos pueden hacer de esta una relación con futuro.

Acuario: Géminis y Libra

Géminis: Parece una unión perfecta, Géminis adora las ideas y Acuario suele estar lleno de ideas maravillosas y visionarias. Los dos tienen una fuerte necesidad de independencia y mucha energía, van a reconocer y respetar esa cualidad en su pareja. Puede surgir conflicto porque Géminis puede ser demasiado volátil y Acuario muy testarudo. Se les da muy bien trabajar juntos y tendrán grandes ideas.

Libra: Estos dos signos parecen conectar en un plano mental superior, compartiendo amor por la cultura, la gente, el arte y la belleza. Con un grado de compromiso hacia una relación parecido, no se verán desequilibrados si un miembro de la pareja necesita más afecto que el otro. Enérgicos y entusiastas, disfrutarán estando juntos y experimentando cosas nuevas, especialmente si esa actividad puede suponer un cambio positivo en el mundo. Acuario, la mente más progresista, puede ser un gran activo en cualquier causa si se combina con la diplomacia de Libra.

Piscis: Cáncer y Escorpio

Cáncer: El equilibrio de lo práctico y lo espiritual. Cáncer puede ayudar al soñador Piscis a hacer realidad sus sueños; Piscis puede compensar la practicidad de Cáncer con un poco de ensoñación. Pueden surgir conflictos si Cáncer, a quien le gustan las posesiones materiales, no entiende o respeta el estilo de vida minimalista que su pareja Piscis prefiere. La conexión emocional que comparten puede superar cualquier diferencia en objetivos y estilos de vida. Irán rotando en su rol de maestro y aprendiz, ya que ambos tienen una gran capacidad de compasión. Sus emociones son ejemplo para su pareja y para el mundo.

Escorpio: Dos elementos de agua, estos signos son intuitivos y están en contacto con la naturaleza humana. Esta unión será una mezcla de mente y corazón. La tendencia secretista de Escorpio puede hacerlo un buen signo para emparejar con Piscis, que entenderá su necesidad de retraerse en sí mismo de forma ocasional. Escorpio puede ayudar a Piscis a hacer sus sueños realidad y proporcionarle las bases sobre las que construir la relación. Piscis está más en sintonía con las emociones y la espiritualidad, por lo que es capaz de mostrar a Escorpio un mundo de amabilidad y empatía. Si pueden superar lo que puedan parecer planes distintos a largo plazo, puede ser un romance muy gratificante con una profunda conexión y un gran compromiso.

Capítulo 3: Encontrarte a Ti Mismo a través del Zodíaco y Crecer a Nivel Espiritual

La astrología es considerada una guía supersticiosa para el día a día por mucha gente. Pero, en realidad, puede ser un tema muy profundo. Si la usas solamente como guía para asuntos mundanos, no estarías utilizando todas las enseñanzas de la astrología. La astrología es, filosófica y matemáticamente hablando, una vasta red de información que puede proporcionar un profundo entendimiento. Históricamente, la astrología se ha usado, principalmente, como guía para el desarrollo espiritual y se ha considerado una ciencia divina. Aunque una ciencia, una vez que un astrólogo comienza a hacer predicciones y clasificaciones del comportamiento humano, cruza a un terreno psicológico y metafísico. Si esas predicciones son fiables e inmutables, esto enfatiza aún más los aspectos metafísicos de esta práctica. Científicamente, no hay relación causal probada entre ningún planeta y la forma en que uno se enamora. Sin embargo, puede ser una técnica para interpretar una situación en relación con el universo como un todo. La astrología puede darnos pistas para descubrir el significado de cualquier situación y la forma en que operan los factores de cualquier situación. Esta puede ser la razón por la que las personas que tienen dificultades con las normas espirituales tradicionales pueden volverse hacia la astrología. Todo el mundo busca respuestas a algún "por qué" o "cómo" y los signos pueden servir de guía sin restricciones.

De acuerdo con un artículo del *New York Post*, más de la mitad de la generación millennial cree en la astrología como ciencia. Comparado con solo un 8% entre el público chino. Esto puede incluir otros servicios metafísicos, como cartas de Tarot, lectura de aura, astrología, médiums y quiromancia. Una teoría es que la falta de estructura en el campo de la astrología puede ser exactamente lo que ellos buscan.

Sin embargo, con la astrología la humanidad puede estudiar la influencia de los planetas e investigar más a fondo la conexión entre todos los aspectos de la creación. La astrología está hecha para ayudar al viaje interior de cada uno, permitiendo que la gente se vuelva más consciente de cómo el universo puede influir en todos los aspectos de la existencia. La relación de los planetas y las estrellas con la existencia humana, la mente y el cuerpo es muy sutil.

Una persona nace un día a una hora específica y se le relaciona un signo astrológico, una casa, una cúspide, etc. Para reflexionar sobre los rasgos y preferencias de aquellos bajo esa categoría, tienes que investigar y esforzarte por entender completamente tu relación con el universo. Puede ser especialmente útil para incrementar tu consciencia sobre el pasado y el potencial del futuro, afinando tu sintonía interior con Dios. Sin embargo, enfocar la astrología como una superstición puede limitar el uso de esa información y convertir este recurso en una dependencia pasiva en el destino, mientras esperas a que los planetas y las estrellas cambien de posición. Algunas personas creen que religión y astrología no pueden convivir, ya que Dios es el único que puede tener poder o influencia sobre nuestras vidas, personalidades y futuros. Según este argumento, si eres espiritual y puedes comulgar con Dios para obtener respuestas sobre cómo debes comportarte y cuál es tu propósito en la vida, no hay nada en lo que la astrología pueda guiarte. Otros creen que la astrología puede, simplemente, darte más información sobre tu viaje en esta vida y un mayor entendimiento y conocimiento de ti mismo y aquellos con los que interactúas cada día. O puedes separarla completamente de la espiritualidad y unas la astrología como una forma de diseccionar y estudiar el universo como un ciclo de principios y energía cósmicos. Cualquiera de estos enfoques es una interpretación personal que cada uno debe hacer por sí mismo.

Es discutible que el uso de la astrología como una superstición pueda convertir a una persona en un autómata dependiente de lecturas de las estrellas y la posición de los planetas. Aquellos que usan este argumento indican que la alianza con el Creador del universo es el verdadero camino y debe ser guiado por el espíritu, no por el mundo material. Ahondando en nuestra propia naturaleza divina, podemos descubrir niveles más profundos en nosotros mismos que nos permitirán elevarnos por encima de todas las realidades kármicas.

Quienes apoyan la utilización de la astrología, creen que los signos del zodíaco fueron desarrollados por Dios para revelarnos información y enseñarnos. Como Dios creó las estrellas y los planetas, y los signos del zodíaco están basados en ellos, existe una sinergia. El conocimiento y la corrección de nuestras fuerzas y debilidades puede darnos mayor perspectiva sobre nuestro comportamiento y animarnos a mejorarlo.

El Taoísmo de la cultura china está estrechamente relacionado con el zodíaco. Esta religión cree que las cosas en el espacio pueden cambiar el destino de una persona y las constelaciones pueden usarse para mostrar ese futuro. El Sol también era una parte integral de los cálculos del zodíaco. Muchos signos se dice que son signos de "yin" o "yang" y esto tiene su origen en el Taoísmo. Representa dos principios opuestos cualesquiera en el universo y es la base de cómo las cosas funcionan. Cuando se combinan, el yin-yang puede cambiar las características de los doce animales del zodíaco.

Otro ejemplo de religión que se relaciona con el zodíaco es el Budismo. Dice la leyenda que Buda eligió los animales del zodíaco. Es una religión popular en la cultura china y ha tenido un gran efecto en la estructura del zodíaco y el rol que tiene en la religión actual. Hay evidencias históricas y astrológicas que muestran que religiones como el Cristianismo, el Judaísmo, el Paganismo, el Hinduismo, el Taoísmo, el Zoroastrismo, el Jainismo, el Islam y el Budismo comparten similitudes entre ellas y con la ciencia astrológica.

- Cristianismo: La creencia central del Cristianismo es que Jesús es el hijo de Dios y el Salvador (Mesías). Los cristianos tienen fe en que Jesús fue ungido como el salvador de la humanidad por Dios y creen que su vida y crucifixión fueron la culminación de las profecías contenidas en el Antiguo Testamento.

- Judaísmo: Se caracteriza por la creencia en un Dios trascendental que se reveló a sí mismo ante Moisés, Abraham y los profetas hebreos, y por una vida religiosa de acuerdo con las tradiciones rabínicas y las escrituras.

- Paganismo: Es una religión politeísta que se centra en los placeres sensuales y los bienes materiales. Es un movimiento que revive la adoración de la naturaleza, religiones pre-cristianas y otros caminos espirituales basados en la naturaleza. Esta definición general engloba grupos como la Wicca y el Neodruidismo.

- Hinduismo: Las principales creencias y principios del Hinduismo son los cuatro objetivos de la vida (Purushartha): Artha (trabajo, prosperidad y riqueza), Dharma (deberes, ética), Kama (pasión, deseos) y Moksha (libertad, liberación). Y, además, el Karma, el Samsara y el Yoga.

- Taoísmo: Filosofía china que muestra el fundamento o la verdadera naturaleza del mundo, que son el desinterés y la sencillez en consonancia con el Tao que lleva a una vida de acciones no intencionadas, de expresar la esencia de la espontaneidad. El Taoísmo surgió al mismo tiempo que el Confucianismo.

- Zoroastrismo: Zoroastro enseñó la existencia de demonios, ángeles y salvadores, ideas similares a las encontradas en el Judaísmo, Cristianismo e Islam. El Avesta es su libro sagrado y contiene rituales, himnos y hechizos contra demonios.

- Jainismo: Esta es una religión no teísta fundada en el siglo VI d.C. en India como reacción contra las enseñanzas ortodoxas del Brahmanismo y sigue practicándose allí. La religión jainista enseña que se pueden alcanzar la reencarnación y la salvación a través de la perfección en esas vidas sucesivas y no haciendo daño a otros seres vivos. Es conocida por sus ascetas.

- Islam: Quien sigue o practica el Islam, que es una religión monoteísta abrahámica, se denomina musulmán. Los musulmanes tienen el Corán como libro sagrado y lo consideran la palabra de Alá tal y como le fue revelada al mensajero y profeta islámico, Mahoma.

- Budismo: Es una religión donde la verdad es primordial. Quien la ejerce está en una constante búsqueda de la verdad y es consciente del sufrimiento de este mundo. La gente que sigue el Budismo no cree que su Dios sea Buda. Para ellos, Buda es una representación humana que alcanza una fase de iluminación y ve cómo funciona realmente la mente. Creen que una persona cambia cuando tiene ese conocimiento. Alcanzar la iluminación total se llama "Nirvana".

Bajo las enseñanzas de la astrología, cada uno de los signos tiene una forma en que prefieren vivir sus vidas y un tipo de sistema de creencias que les dice algo. En general, los signos de Aire y Agua son más espirituales y Fuego y Tierra están más comprometidos con una religión más estructurada y específica. Cada signo tiene diferentes necesidades y habilidades y puede ser más propenso a seguir un sistema de creencias que lo conecte con su perspectiva.

Aries: Signo de Fuego regido por Marte, puede necesitar prácticas físicas espirituales, pero con control. El Yoga, especialmente las formas más enérgicas y vigorosas, puede ser adecuado para su temperamento.

Tauro: Signo de Tierra regido por Venus con un enfoque de la vida amable y creativo. Tauro disfruta estando en la naturaleza. Esto puede hacerlo sentir muy cercano al Paganismo. Las celebraciones a lo largo del año combinan las fiestas y la espiritualidad, llegando directas al corazón de Tauro. Tener una conexión tan estrecha con el planeta hace que los signos de Tierra sean más entusiastas.

Géminis: Signo de Aire regido por Mercurio. Géminis necesita estar mentalmente ocupado de forma constante. Esto le permite estar más abierto a enfoques alternativos y disciplina espiritual. La práctica de meditación, una tradición budista, puede ayudarlo a calmar la mente y darle paz. Si se sobrecarga la mente, el cuerpo puede sufrir, ya que el sistema nervioso puede producirle insomnio y ansiedad. La práctica de apagar el cerebro y centrarse en conexiones más profundas es una gran forma de lidiar con el estrés.

Cáncer: Signo de Agua regido por la Luna, Cáncer puede mostrar un nivel de consciencia psíquica más alto que otros signos, especialmente si tiene historia de ancestros con las mismas capacidades. Actividades psíquicas, clarividencia, lectura de aura y otros campos similares pueden estar en sintonía con las habilidades y preferencias de Cáncer.

Leo: Signo de Fuego regido por el Sol, Leo tiene mucha energía y necesita estar activo diariamente. Una práctica espiritual que le puede resultar atractiva y que se adapte a su temperamento puede ser el Tai Chi. El Tai Chi está muy ligado a la filosofía china y las artes marciales. Añade fuerza a la postura, profundiza la respiración y tiene muchos beneficios para la salud. Leo disfrutará más de clases de Tai Chi que de practicarlo solo, ya que eso le añade un aspecto social.

Virgo: Signo de Tierra regido por Mercurio, Virgo debe tener cuidado de hacer ejercicio con frecuencia y seguir una dieta. Como su sistema nervioso es un área preocupante, se beneficiará de práctica regular. Fuentes alternativas como la sanación espiritual, lectura del aura o reiki pueden ser beneficiosas para Virgo. Esencialmente, cuando participe en una actividad espiritual, necesita actividades que no conlleven demasiado uso de su mente. Es sabido por todos los signos que Virgo es un sanador por naturaleza. Le gusta aconsejar y servir, por lo que cualquier práctica religiosa o espiritual que implique buenas acciones le llegará al corazón. Sin embargo, cualquier práctica espiritual debe permitir a Virgo cargar sus baterías mentales.

Libra: Signo de Aire regido por Venus, el equilibrio es su seña de identidad. El estudio de las auras puede interesar a Libra. Las auras son el campo que rodean el cuerpo físico y son de distintos colores, que pueden mostrar salud física, bienestar emocional y espiritualidad. El estudio y reconocimiento de las auras puede permitir a Libra entender mejor las acciones de los demás y enseñarles cómo lidiar con las personas que los rodean más equilibradamente. A su vez, esto puede ayudarlos a construir mejores relaciones.

Escorpio: Signo de Agua regido por Plutón, el viaje espiritual es la segunda naturaleza de Escorpio. Durante su vida, puede investigar sobre varias religiones hasta que se identifique con una. Con el deseo de entender su camino en la vida y la psicología humana, puede experimentar con las prácticas de adivinación del Tarot para abordar las elecciones a las que la gente se enfrenta cada día y decidir las opciones que les harán avanzar. La naturaleza misteriosa del Tarot puede seducir a Escorpio para que profundice en los aspectos ocultos del universo y la vida para entender mejor la razón por la que la gente vive y prospera en la Tierra.

Sagitario: Signo de Fuego regido por Júpiter, también es conocido como el filósofo del zodíaco. Puede verse atraído por la filosofía o un rol educativo en cualquier religión que elija. Como disfruta estudiando y explorando nuevas formas de pensar para, después, compartir esa sabiduría, puede que se aventure a ser un líder espiritual. Su viaje hacia la espiritualidad pueden incluir el Cristianismo, Hinduismo, Budismo u otras alternativas.

Capricornio: Signo de Tierra regido por Saturno, aunque es materialista, Capricornio posee las virtudes espirituales necesarias para un viaje espiritual. Necesita una espiritualidad duradera, que combine la necesidad de estar solo con el avance espiritual. Aunque menos conocida, una buena opción podría ser el Chamanismo. Un chamám altera los estados de consciencia para comunicarse con el poder de los animales y el mundo espiritual. El Chamanismo tiene su origen en el centro y norte de Asia. Lleva tiempo aprender esta práctica espiritual ancestral y poderosa, que asegurará la conexión con Capricornio.

Acuario: Signo de Aire regido por Urano, Acuario siempre mira a las estrellas y al futuro. Acuario puede estar muy inclinado a la astrología, ya que puede ser la clave para su autoconocimiento. Seguir la astrología y encontrar un patrón en los planetas y las constelaciones puede ser una fuente de orientación para Acuario. Una vez que este patrón ha sido revelado, Acuario se sumerge en un viaje de alegría y realización, llevando ese conocimiento perdido a los demás.

Piscis: Signo de Agua regido por Neptuno, la personalidad de Piscis constituye su viaje por la vida y su espiritualidad. Como último signo del zodíaco, Piscis entiende que nos separa una distancia muy corta del otro mundo. Piscis puede contactar con los muertos y posee una increíble consciencia psíquica. Necesita aprender autodisciplina mediante limpiezas energéticas y meditación. Es muy sensible a sus alrededores y a quienes le rodean. Para ayudar a estabilizar su energía, es mejor darle algo de tiempo para recuperarse y ser creativo. Esto puede llevarlo a numerosas búsquedas espirituales que lo conecten con esa consciencia, como pueden ser el reiki, la limpieza de aura, la meditación y mucho más.

Capítulo 4: Cómo Puedes Fortalecer tus Relaciones y Amistades Leyendo los Signos del Zodíaco

Cuando exploras la astrología, puedes ver los rasgos y tendencias que son comunes a cada signo del zodíaco. Así, puedes prepararte para tratar con amigos, compañeros de trabajo, administradores, amantes y potenciales parejas. Conocer los rasgos de los demás puede ayudarnos a estar preparados para aceptar sus fallos y todo lo demás. Y eso es lo que la mayoría buscamos experimentar – ser aceptados. Como tal, podemos usar la siguiente información para prepararnos para las interacciones con un determinado signo del zodíaco.

Un JEFE ARIES: Es un líder nato, pero puede ser exigente. Disfruta tomando decisiones y viendo sus planes implementados. Da instrucciones claras y explícitas. Le gusta el individualismo para sí mismo y los demás.

Un EMPLEADO ARIES: Es bueno siguiendo normas y directrices de sus supervisores. Pero reconocerá rápidamente las carencias de esos superiores. Es tranquilo y trabajador hasta que algún pequeño detalle lo hace estallar. Está lleno de sugerencias para mejorar la forma de hacer las cosas.

Un ROMANCE ARIES: Conocido por su honestidad. Le gusta implicarse con su compañero romántico, pero necesita un compañero lleno de energía que le siga el ritmo. Puede ser independiente, pero le gusta el contacto diario. Asegúrate de no llamarlo necesitado, pero siente la necesidad de estar muy conectado a su pareja. Asegúrate de escuchar sus necesidades, sentimientos y consejos.

Un CÓNYUGE ARIES: Premia la honestidad; espera ser perdonado si se descarría. Como está muy orientado a su carrera, puede inclinarse más hacia eso que a su familia. Como cónyuge, se asegura de que las cosas vayan bien en casa. Sin embargo, no es bueno manteniendo la limpieza y el orden.

Un AMIGO ARIES: Es fiel, pero puede que contacte con sus amigos cada un par de meses. Estará ocupado y puede que no tenga demasiado tiempo para interactuar. Si eres su amigo más antiguo, puede que seas tan importante que te incluya en sus celebraciones familiares.

Un PROGENITOR ARIES: A veces se involucra demasiado en las vidas de sus hijos, tiene unas fuertes creencias éticas y no es muy tolerante con romper las normas. Debe recordar permitir a sus hijos intentarlo, fallar y aprender.

Un HIJO ARIES: La infancia es muy importante para Aries, siempre y cuando los padres no lo sobrecarguen con responsabilidades de adulto. Lo mejor es dejarlo mostrarse tal como es sin ser juzgado.

Un JEFE TAURO: Puede ser mandón, pero se mantendrá en la sombra siempre que sus empleados estén bien entrenados. Se toma su tiempo para explicar sus expectativas. Las normas serán mínimas, pero concretas.

Un EMPLEADO TAURO: Muy orientado al trabajo, pero a veces más orientado a la comodidad personal, haciendo que su progreso en una cierta tarea sea más lento. Es bueno procrastinando y responde mejor a recordatorios amables que a órdenes firmes.

Un ROMANCE TAURO: Tiende a ser posesivo y puede tratar a su pareja como algo que le pertenece. Sin embargo, lo ve como un reflejo positivo de lo mucho que la quiere. Puede haber conflicto si su pareja busca independencia y no está de acuerdo con nada de lo que pide Tauro.

Un CÓNYUGE TAURO: Es bondadoso, devoto, digno de confianza, estable y, por lo general, la parte dominante. Disfruta siendo el cabeza de familia. Le gusta tomar la mayoría de las decisiones importantes. Puede procrastinar, pero una vez que se decide, no hay quien lo pare. Le encanta el placer: comida, sexo y otros placeres sensuales.

Un AMIGO TAURO: Siempre fiel y ayudará tanto como sea posible. Pero puede no ser la mejor fuente de consejos útiles. Ve las cosas en blanco y negro, así que su visión puede estar sesgada. Divertido, le encanta el entretenimiento. Pero debes tener cuidado de no aprovecharte de su naturaleza generosa.

Un PROGENITOR TAURO: Le encanta ser padre/madre porque es un cuidador nato. Le encantan las familias grandes. Puede que no sea capaz de apoyar a sus hijos si no se cumplen ciertas condiciones porque le cuesta amar incondicionalmente. En consecuencia, sus hijos pueden no confiar en sus promesas o su generosidad.

Un HIJO TAURO: Puede ser de naturaleza seria. Como interpreta las cosas de forma literal, espera que sus padres y otras figuras de autoridad cumplan sus promesas. Es una combinación compleja de conversación y silencio; activo y perezoso; emocionado y distante – lo que hace que sus estados de ánimo sean difíciles de leer. Será infeliz si no tiene sus propias cosas. Compartirá sus juguetes, pero bajo sus condiciones.

Un JEFE GÉMINIS: Se siente cómodo dando órdenes y coordinando. Le gusta ser parte de un equipo, ya que le permite compartir experiencias. No es un líder nato, prefiere delegar, pero le gusta tener la última palabra.

Un EMPLEADO GÉMINIS: Le encanta estar ocupado y es muy bueno haciendo varias cosas a la vez. Le gusta buscar nuevos enfoques para viejos proyectos. Se aburre fácilmente y puede faltarle impulso en los proyectos a largo plazo. Es bastante hábil manualmente.

Un ROMANCE GÉMINIS: Definitivamente, añadirá emoción a tu vida, pero también algo de incertidumbre. Puede ser difícil predecir su estado de ánimo y fallar en las citas. Puede ser tanto fascinante como irritante.

Un CÓNYUGE GÉMINIS: Necesita libertad individual y puede crear problemas en la estabilidad del matrimonio. Puede mostrar dobles estándares si cree que merece más libertad que su pareja. Por lo general, nunca piensa que lo que hace puede estar moralmente mal. Debe tener una pareja fuerte que le haga frente.

Un AMIGO GÉMINIS: Es el más divertido que puedes tener cerca cuando las cosas van bien. Es susceptible al estrés cuando se trata de emergencias. Si quieres pasarlo bien, invita a Géminis. Es muy hablador, así que prepárate para escuchar.

Un PROGENITOR GÉMINIS: Ofrece a sus hijos una amplia variedad de intereses y estimulación. Es buen padre/madre cuando se interesa e involucra. Le gusta el papel de líder familiar, pero puede estar tan preocupado por las cosas que tiene en la cabeza como para ser un cuidador de todo corazón todo el tiempo, por lo que sus hijos deben estar preparados para cuidarse solos. Es susceptible a la preocupación y el estrés.

Un HIJO GÉMINIS: Necesita mucha aportación de sus padres. Muestra interés por muchos temas distintos. Necesita gran cantidad de estimulación para mantenerse involucrado. Varía desde un niño fácil de llevar hasta un verdadero desafío, dependiendo de la estimulación y los estados de ánimo.

Un JEFE CÁNCER: Tiene una forma de hacer las cosas muy particular y puede ser exigente. Le gusta que las cosas fluyan y que no se cuestione su liderazgo. Las normas no son tan importantes, pero no subestimes su cualidad dominante.

Un EMPLEADO CÁNCER: Es el mejor en trabajos de escritorio si no es interrumpido, puede hacer mucho papeleo. Un empleado Cáncer es muy leal a la compañía para la que trabaja. Observa, escucha y aprende, por lo que sus opiniones son dignas de escuchar.

Un ROMANCE CÁNCER: Le gustan las relaciones estables y fiables. Como le gustan los hábitos, le gusta que su pareja esté disponible para ellos. Contará con ella para todo. Puede ser tierno siempre que se salga con la suya. Si no, puede ser arisco o distante. Es muy autoprotector.

Un CÓNYUGE CÁNCER: Le gusta la seguridad en el hogar. Como pasa muco tiempo en casa, por lo que le gusta tenerla a su manera. Puede gastar mucho dinero en muebles y pequeñas reformas.

Un AMIGO CÁNCER: Intentará mantener a sus amigos para sí mismo, sin compartirlos. Le gusta saber que eres su mejor amigo. Es bueno escuchando, pero es probable que no comparta mucha información personal.

Un PROGENITOR CÁNCER: Amoroso y bondadoso, afectivo y protector. A veces puede ser sobreprotector y dejar ir a sus hijos será una lección difícil de aprender.

Un HIJO CÁNCER: Puede volverse demasiado dependiente de sus padres. Necesita seguridad, mucho apoyo y que sus padres le guíen. Desarrollar su propia independencia es su mayor desafío.

Un JEFE LEO: Es un líder nato. Disfruta siendo la cabeza de la compañía. Es justo, siempre y cuando no se desafíe su autoridad. Sencillamente, cree que está defendiendo las condiciones laborales de sus empleados. Se enorgullece de su trabajo.

Un EMPLEADO LEO: Fiel a la compañía hasta el punto de volverse adicto al trabajo. Se adhiere fielmente a los trabajos y las tareas. Sin embargo, se resiste a los cambios. La ambición empujará a Leo a ascender en la escala corporativa.

Un ROMANCE LEO: Es una pareja comprometida, solidaria y entusiasta. Pero trata de no influir en sus ambiciosos planes profesionales; nunca lo hagas elegir entre su relación y su vida laboral. Aunque no le gusta ver una relación terminarse, tiene la seguridad para seguir adelante y conocer a alguien nuevo.

Un CÓNYUGE LEO: Es leal, pero puede no ser fiel si su pareja es distante. Para ser feliz en el matrimonio, tiene que ser tratado como si fuera de la realeza y puesto en un pedestal. Como se le da bien la actuación, puede fingir que está felizmente casado durante años por el bien de los hijos, la familia o su estatus.

Un AMIGO LEO: Es excelente haciendo amigos. Su lealtad y devoción son señas de su buena amistad. No es demasiado necesitado, por lo que les va bien sin contacto habitual. Sin embargo, cuando contacta, prefiere un encuentro cara a cara por encima de llamadas o mensajes.

Un PROGENITOR LEO: Ferozmente protector de sus hijos, pero puede excederse porque cree que lo sabe todo. Como su carrera es muy importante, puede que no siempre esté presente como padre/madre. Puede apoyarse demasiado en guarderías, abuelos y otros asistentes en el cuidado de sus hijos.

Un HIJO LEO: Siente que sus cuidadores son muy afortunados por tenerlo en sus vidas. Es seguro de sí mismo y fuerte. Se le dará bien cualquier actividad en la que participe. Puede no inclinarse por la formación, pero contribuirá en política, deporte y otras actividades.

Un JEFE VIRGO: Realista y práctico, así que los resultados le importan. Aportar datos que apoyen tu postura o argumento mejorarán tus posibilidades de convencerlo en una discusión. Las emociones no funcionan, así que cíñete a la lógica. No le gusta perder el tiempo.

Un EMPLEADO VIRGO: Se toma su trabajo muy en serio. Digno de confianza, puede ser un poco aburrido. Como es una persona reservada, el trabajo puede servirle para socializar, tanto que muchas veces algún compañero de trabajo termina siendo su mejor amigo.

Un ROMANCE VIRGO: Se le da muy bien la planificación. Ese talento se aprovecha mejor si se le pone al mando de organizar las vacaciones anuales o salidas complicadas. Puede que se centre más en la relación como tal que en la persona con la que está.

Un CÓNYUGE VIRGO: Bueno en el matrimonio y ordenando la casa, pero puede ser demasiado insistente con el orden. Esto puede volver loca a su pareja. En contraste con su necesidad de orden, su espacio personal puede estar un poco descuidado (para ti, pero tiene cierto orden dentro de su caos). Sobresale en situaciones de emergencia.

Un AMIGO VIRGO: Solidario y útil, parece saber cuándo lo necesitas de forma intuitiva. Puede parecer necesitado, pero le cuesta pedir ayuda. No necesita contacto constante, pero asegúrate de hablarle periódicamente.

Un PROGENITOR VIRGO: Le gusta poner normas y más aún las cosas estructuradas. Esto puede generar conflicto si sus hijos buscan independencia, sobre todo durante las luchas de poder de la adolescencia.

Un HIJO VIRGO: Es obediente, pero rencoroso y puede salirse de control si no se siente valorado. Las recompensas son buena idea, responde bien a ellas. Tiene un lado muy crítico y juzgador. Habrá problemas a largo plazo si sus padres no mantienen las promesas que le hagan.

Un JEFE LIBRA: Necesita creer que tiene una buena conexión con sus empleados. A veces, se centra más en la popularidad que en el rendimiento. Quienes lo conocen pueden aprovecharse de esa debilidad.

Un EMPLEADO LIBRA: Prefiere trabajar solo, ya que tiene problemas de concentración cuando está rodeado de distracciones. Puede ser perfeccionista. Sus colegas valoran su naturaleza comprensiva.

Un ROMANCE LIBRA: Es selectivo con su pareja: su apariencia, su forma de comportarse y lo que dice. Espera que lo traten bien, pero puede no ser recíproco. Surgen problemas cuando es infeliz, por lo que los problemas deben ser abordador inmediatamente.

Un CÓNYUGE LIBRA: Bueno organizando la vida social, pero está más interesado en su familia más cercana que en el resto de familiares y amigos. Por lo general, tiende a ser el cabeza de familia. Complacer a su pareja es muy importante y, si no parece feliz, puede deprimirse o sentirse frustrado.

Un AMIGO LIBRA: Las amistades suelen ser limitadas en duración y pueden terminar rápido. Son relaciones intentas, pero sus amigos pueden sentirse abandonados sin razón.

Un PROGENITOR LIBRA: Sensible con su posición social, le gusta que sus hijos se vean bien y sean niños buenos. Se involucra en la planificación del curso perfecto para sus hijos (clases, actividades, amigos, etc.). Monitoriza con cuidado las actividades escolares y las notas, llegando a atribuirse los logros de sus hijos.

Un HIJO LIBRA: Obediente, pero exigente, le gusta ser el centro de atención. Le gusta ser recompensado, reconocido y valorado con amor y atención. Como intérprete, es una fuente constante de entretenimiento. Tiene talentos creativos.

Un JEFE ESCORPIO: Poderoso, dominante, serio, dedicado y con mucho impulso que fija el listón muy alto. No acepta excusas y no le gusta que se cuestione su autoridad.

Un EMPLEADO ESCORPIO: Hará el trabajo si se le deja tranquilo, ya que tiene su propia forma de hacer las cosas. Es leal a la empresa y dará lo mejor en su puesto. Puede ponerse agresivo si se le critica injustamente.

Un ROMANCE ESCORPIO: Puede ser posesivo y celoso. Quiere el 100% de tu atención. Si ve que mengua, puede volverse distante y depresivo. Siente que da mucho, por lo que merece mucho y su pareja debería sentirse afortunada por tenerlo. Territorial y protector, puede mostrar preocupación por sus seres queridos.

Un CÓNYUGE ESCORPIO: Leal, pero no siempre fiel. Puede ser reservado y no compartir información con sus amigos y familia con frecuencia. Le encanta pasar mucho tiempo en casa.

Un AMIGO ESCORPIO: Muy selectivo con sus amigos, por lo que si eres amigo de un Escorpio, debes sentir que has sido honrado con haber sido elegido. No es muy necesitado, por lo que no necesita contacto constante, pero te buscará cuando quiera salir a divertirse. Sin embargo, la amistad puede estar estructurada según sus condiciones. Un signo mutable puede llevarse mejor con Escorpio por sus cambios de humor y emociones y su forma de fluir con la corriente.

Un PROGENITOR ESCORPIO: Por lo general pone normas muy estrictas en su casa. Es directo con sus hijos y habrá una serie de responsabilidades y tareas que deban realizar de forma habitual. Está muy orgulloso de sus hijos. Quiere que se vean bien en los eventos familiares, las obligaciones sociales y el colegio. Ve la apariencia y el comportamiento de sus hijos como un reflejo de sus habilidades como padre/madre. Como puede ser poco comprometido, es mejor que solamente un progenitor de la familia sea Escorpio.

Un JEFE SAGITARIO: Muy independiente, no siempre está preparado para ser jefe. Sus empleados pueden pasarlo mal siguiéndole el ritmo, ya que puede ir por su propio camino. Es posible que no se comunique claramente con su equipo, ya que no se le da bien ser un jugador de equipo.

Un EMPLEADO SAGITARIO: Puede ser dedicado y trabajador, pero necesita ser monitorizado para asegurar que va por el camino correcto.

Un ROMANCE SAGITARIO: Esta relación será intensa y apasionada. Sacará lo mejor de su pareja. Como no se le da bien lidiar con la decepción, puede caer en una depresión si las cosas no van bien. Relajado y con buen humor, disfruta de los placeres de la vida.

Un CÓNYUGE SAGITARIO: Capaz de luchar para alcanzar el equilibrio entre la casa y el trabajo, ya que quiere dejar su huella en el mundo. Puede pretender que su pareja se haga cargo de la mayoría de las responsabilidades del hogar. Cuando se casa con otro signo poderoso, podría ser buena idea tener un ama de casa o un asistente.

Un AMIGO SAGITARIO: Divertido, suele ser optimista y guardarse sus problemas. Para intimar, tienes que empujarlo a hablar de sus sentimientos. Como tiende a ser demasiado optimista, un verdadero amigo deberá decirle la verdad.

Un PROGENITOR SAGITARIO: Muy generoso, busca mejorar su casa con belleza y devoción. Puede estar inclinado a complacer a sus hijos si quieren una mascota. Le gusta la paternidad por el amor, no por un sentimiento del deber o responsabilidad.

Un HIJO SAGITARIO: Difícil, casi imposible de controlar. Le encanta la libertad y romper las reglas. Si tiene padres con personalidades fuertes, habrá grandes enfrentamientos. Persevera ante los desafíos y le encanta ser al que todos menosprecian, pero acaba ganando.

Un JEFE CAPRICORNIO: Como es dominante, quiere que le sigan y obedezcan sin cuestionarlo. No le gusta que alguien haga las cosas mejor o verse ensombrecido por un empleado. Puede que no quiera avanzar más en la empresa, pero sí aferrarse a su estatus de jefe todo el tiempo que pueda.

Un EMPLEADO CAPRICORNIO: Trabajador y dedicado, además de ambicioso. Será leal a una empresa solo si los intereses de esa compañía no interfieren con los suyos. Su trabajo será de gran calidad.

Un ROMANCE CAPRICORNIO: Por lo general, se lanza al lado físico de la relación rápidamente y después es que se centra en conocer a la otra persona a un nivel más profundo. Prefiere desarrollar relaciones profundas y no perder el tiempo con personas con las que no tiene futuro.

Un CÓNYUGE CAPRICORNIO: Necesita ser el cabeza de familia dominante. Debe tener el control de todos los que le rodean. Puede tener expectativas poco realistas de su pareja. Pero, por el bien de la harmonía, puede aprender a relajarse y dar un paso atrás ocasionalmente.

Un AMIGO CAPRICORNIO: Está ahí para sus amigos en los momentos difíciles. Ser el mejor amigo de Capricornio puede ser todo un reto. Solo deja entrar a unas cuantas personas en su círculo emocional más cercano: pareja, mejor amigo y, quizás, algún otro miembro de la familia.

Un PROGENITOR CAPRICORNIO: Autoritario y controlador, además de protector. Se toma sus normas muy en serio. Con el fin de mantener el control sobre sus hijos, puede reprimir sus demostraciones de amor.

Un HIJO CAPRICORNIO: Actúa como un adulto en miniatura, con un comportamiento serio. Necesita ser respetado o se rebelará. Con seguridad en sí mismo, sabe como conseguir lo que quiere y puede usar el chantaje emocional, la culpa o la manipulación para lograrlo.

Un JEFE ACUARIO: No está capacitado para ser jefe porque es impulsivo y, por lo general, no le interesa el poder. Puede ser divertido trabajar con Acuario por su naturaleza generosa. A veces, puede ser impaciente y temperamental.

Un EMPLEADO ACUARIO: Tendrá su propia y única forma de hacer las cosas, pero puede verse atrapado por la rutina de esa forma de hacerlo. Puede ser rebelde y no tomarse bien las órdenes. Aporta sentido del humor a su grupo de compañeros de trabajo.

Un ROMANCE ACUARIO: Es fiel, pero eso puede peligrar si aparece alguien más interesante. Si puedes estimularlo y satisfacer sus apetitos, la relación puede durar mucho tiempo. Su pareja necesita ser indulgente y segura de sí misma.

Un CÓNYUGE ACUARIO: Dedicado a la familia. Una vez que se decide por el matrimonio, se compromete completamente. Es muy importante sentir que su cónyuge y familia lo necesitan. Aunque pase mucho tiempo fuera por trabajo, le encanta la sensación del hogar. Su buen humor ayuda a mejorar las relaciones cuando está en casa.

Un AMIGO ACUARIO: La amistad es muy importante para Acuario, pero no será una amistad estable. El contacto será esporádico y las conversaciones más bien abstractas, sobre asuntos generales más que de compartir sentimientos.

Un PROGENITOR ACUARIO: Con frecuencia, elegirá no casarse ni tener hijos. Si elige el camino de la familia, animará a sus hijos a crecer y explorar. No es posesivo ni sobreprotector y empujará a sus hijos fuera del nido tan pronto como sea posible. La libertad es vital, hasta que sienta que sus hijos están en peligro.

Un HIJO ACUARIO: Insistente con hacer las cosas a su manera y puede ser difícil si lo fuerzan. Tiene una naturaleza alegre y responde bien a la atención y la comprensión de sus padres.

Un JEFE PISCIS: Excelente siendo el jefe. Le resulta fácil hacer dinero y es igualmente bueno protegiendo sus intereses y su negocio.

Un EMPLEADO PISCIS: Adaptable, puede ocupar casi cualquier puesto y ayudar. Desinteresado, sacrificará sus propias necesidades por el bien de la empresa. Sin embargo, esto puede conducir al resentimiento. Las mejores condiciones laborales son una recompensa económica por un buen desempeño.

Un ROMANCE PISCIS: Lo da todo en una relación. Puede ser exigente, seductor, posesivo y apasionado.

Un CÓNYUGE PISCIS: Orientado a la familia, disfruta pasando mucho tiempo en casa. Dedicado a formar una familia, incluso si eso significa canalizar ese impulso parental hacia la adopción, hacia sobrinos u otros miembros cercanos de la familia. Incluso las mascotas se vuelven como hijos. Puede ser sobreprotector.

Un AMIGO PISCIS: Está en sintonía con los sentimientos y necesidades de sus amigos. Es sensible y respetuoso con esos sentimientos. Es bueno tenerlo cerca en tiempos de necesidad. Por lo general, tiene un círculo íntimo de amigos: calidad por encima de cantidad. Su puerta siempre está abierta para sus amigos.

Un PROGENITOR PISCIS: Dedicado al crecimiento personal y el bienestar de sus hijos. Dedicará la mayor parte de su energía a criar a sus hijos cuando están juntos en casa. Está tanto orgulloso de sus hijos, como ansioso por su bienestar. Puede ser temeroso en ocasiones y necesita animar a sus hijos a ser independientes.

Un HIJO PISCIS: Suave y dulce o difícil – no hay término medio. Sus estados de ánimo pueden estar fuera de sintonía con sus sentimientos y los de quienes lo rodean. Puede tener una crisis si se siente incomprendido. Es frágil, sensible y dulce cuando se siente feliz, aceptado y querido.

Capítulo 5: Cartas de Nacimiento

Una carta de nacimiento, también conocida como carta astral o natal, es un mapa de la situación de los planetas en el momento exacto de tu nacimiento. Puede revelar los secretos de tu personalidad única y tu camino en la vida. La colocación de los planetas te mostrará la energía universal en el momento en que naciste y puede ser un mapa para entender mejor tus peculiaridades, motivos e intereses.

Un paso más allá de leer tu horóscopo diario, una carta natal revelará partes ocultas de ti. Esta carta mostrará las conexiones entre tu personalidad y la colocación de los planetas, ya que cada uno tiene una energía específica que gobernará una parte de tu vida. La mayoría de los horóscopos están basados en tu signo solar, pero una carta natal añadirá información sobre la posición de la Luna, tu signo ascendente y mucho más. Esto puede mostrar si eres un signo cúspide, que quiere decir que estarás suspendido en medio de los rasgos de dos signos consecutivos.

Para crear una carta natal precisa, es necesaria la fecha de tu nacimiento con mucha exactitud (hasta el minuto) y, si es posible, la localización. Esto es importante para determinar qué constelaciones y planetas eran visibles en el cielo en el momento de tu nacimiento. Dos personas que hayan nacido en el mismo momento del 30 de enero de 2017, una en Londres y la otra en Nueva York tendrán cartas natales totalmente distintas.

Los planetas internos (Mercurio, Venus y Marte), la Luna y el Sol, tienen un impacto directo en nuestras personalidades únicas y son específicos del día y la hora de nacimiento de un individuo. Los planetas externos (Plutón, Neptuno, Urano, Saturno y Júpiter), definen los temas más amplios y las experiencias que pueden ser compartidas a lo largo de generaciones. La importancia de los planetas externos viene determinada por la casa en la que se encuentren en el momento de tu nacimiento. Las casas uno a la seis se encargan de las actividades rutinarias; las casas siete a doce tratan cuestiones más filosóficas. Dónde esté el planeta en la casa muestra dónde guardamos nuestra energía y dónde yacen nuestras debilidades y fortalezas.

La localización única del planeta en la casa muestra tu signo ascendente. Tu signo ascendente es el signo zodiacal que estaba en el horizonte oriental cuando naciste. El signo ascendente forma la estructura de tu carta natal, mostrando el regente planetario de la carta, el planeta asociado con tu carta natal. Además, también muestra tus experiencias externas, es decir, cómo te ven los demás y cómo interactúas con el mundo.

La carta natal puede mostrar tu nombre celestial, que es el nombre cósmico que te vincula al lenguaje del universo. Tu "mandala" es tu propia firma celestial y puede enseñarte tu lugar en el esquema de la energía que nos rodea a todos.

Hay muchas páginas web que pueden darte una carta natal gratis, también puedes comprobar si hay alguna tienda local u otros recursos para obtener un horóscopo más completo y una carta natal.

Capítulo 6: Astrología y las 12 Sales Celulares

Los remedios de Sales Celulares fueron desarrollados a finales de la década de 1880 por el Dr. Schuessler, quien analizó cenizas humanas y descubrió en ellas doce sales minerales inorgánicas. Esos remedios de Sales Celulares se han estado usando en todo el mundo durante estos más de 120 años. Las Sales Celulares se usan para mejorar la salud de una persona, ya que pueden reconstruir tejidos y órganos y equilibrar excesos y deficiencias. Cuando un remedio homeopático decae, las Sales Celulares lo estabilizan. Las Sales Celulares se toman, por lo general, cuatro veces al día, pero pueden utilizarse con más frecuencia y durante largos períodos de tiempo.

Las Sales Celulares se dividen en seis grupos:

1) Grupo del calcio.
2) Grupo del sodio.
3) Grupo del potasio.
4) Grupo del magnesio.
5) Grupo del hierro.
6) Grupo del silicio.

Cómo Tomar las Sales Celulares

De nuevo, se recomienda tomar las Sales Celulares tres o cuatro veces al día o, al menos, cinco veces a la semana. Pueden tomarse tan frecuentemente como sea necesario en el caso de afecciones agudas. Normalmente, se toman las tabletas directamente o se disuelven en algún líquido durante 15 segundos en la boca antes de tragarlas por completo. Entre diez y quince minutos antes y después de tomar las sales se debe evitar comer o beber cualquier cosa, excepto agua. No existe riesgo de sobredosis, como sí sucede con los suplementos minerales habituales, porque están preparadas homeopáticamente.

Sales Celulares según e Signo del Zodíaco

Primero, es importante ser consciente de que esto no es 100% preciso y debe tomarse de la misma forma en que interpretas tu signo astral: positivamente y de la forma particular en que te ayude a crecer como persona.

Capricornio — Fosfato Cálcico

Capricornio gobierna parte de la estructura esquelética, incluyendo huesos, articulaciones, rodillas y dientes. Es susceptible a enfermedades en torno a esas zonas. Algunos ejemplos son osteoporosis, artritis, tendinitis, problemas de rodilla y problemas dentales.

Considerada la sal nutricional, el fosfato cálcico es un componente principal de nuestros huesos. Es un remedio importante para el desarrollo y el crecimiento y una excelente sal para tomar junto con los suplementos de calcio habituales, ya que incrementa su absorción. Las sales de fosfato cálcico ayudan a remediar los huesos frágiles y a acelerar la curación si tienes un hueso roto. También puede usarse para frotarla contra las encías durante la salida de los dientes o durante el crecimiento de los niños para aliviar el dolor.

Para qué necesitas tomar calcio:

- Dolores de crecimiento, huesos rotos, osteoporosis, remineralización de dientes y dentición infantil.
- Dolor de garganta.
- Sentirse abrumado.

Estas sales se incluyen en alimentos como remolacha, aguacate, suero de leche, zanahoria, queso, judías, perejil, harina de linaza, leche y cacahuetes.

Acuario — Cloruro Sódico

Acuario está representado por una aguadora y abarca la zona baja de las piernas, los tobillos y el sistema circulatorio. Aquellos bajo el signo de Acuario pueden ser propensos a tener problemas en las piernas (rotura de ligamentos, desgarros musculares, calambres y tobillos débiles), mala circulación y presión arterial elevada.

El principal ingrediente de la sal del agua es el cloruro sódico y sus iones son importantes en el medio extracelular, ya que ayudan a equilibrar los fluidos que entran y salen de las células. A nivel emocional, se considera un gran remedio para el duelo. Físicamente, ayuda a mantener el correcto equilibrio de los fluidos del cuerpo. Las personas con deficiencias de esta sal pueden tener deseos de comer sal o mucha sed, se le pueden agrietar los labios y sufrir estreñimiento. En cambio, aquellos con un exceso pueden necesitar diuréticos y tener las manos y los pies hinchados. Esto puede ayudar en situaciones de presión arterial elevada que son resultado de la sensibilidad del cuerpo a los niveles de sal.

Para qué necesitas tomar cloruro sódico:

- Herpes labial.
- Equilibrar fluidos.
- Problemas digestivos con acidez.
- Remedio para el duelo emocional, la menopausia o los síntomas del síndrome premenstrual.
- Urticaria.
- Presión arterial elevada.

Algunos alimentos que contienen esta sal son: almendras, manzana, apio, queso (de cabra y roquefort), yema de huevo, leche de cabra, lentejas, cebolla, melocotón, nueces de pecán, chucrut, espinacas, acelgas y tomate.

Piscis — Fosfato de Hierro

Piscis gobierna los dedos de los pies, los pies como tal, el hígado, el físico en general y el sistema inmune. Es susceptible a enfermedades como un sistema inmune dañado, desórdenes hepáticos, edema, gota, lesiones en los pies y sus dedos y, posiblemente, adicciones.

El fosfato de hierro es útil para aliviar la inflamación de todos los tejidos del cuerpo. Es el mejor tratamiento para la inflamación de las 12 Sales Celulares, especialmente para las personas con anemia. El hierro es un muy buen tratamiento para dolores de garganta, presión arterial baja, mala circulación y aumenta la oxigenación de la sangre.

Para qué necesitas tomar hierro:

- Inflamación en cualquier parte del cuerpo.
- Fiebre y dolores de garganta.
- Dolor de cabeza.
- Anemia.
- Aumentar la circulación y la oxigenación de la sangre.

Remolacha, grosella, dátil, higo, uva, habas, champiñones, naranja, ciruela, ciruela pasa, pasas, espinacas y salvado de avena son algunos alimentos que contienen esta sal.

Aries – Fosfato Potásico

Como es el primer signo del zodíaco, Aries supervisa la cabeza, el cerebro, los ojos, la cara, las orejas, el sistema nervioso y los músculos. Aries es propenso a migrañas y otros dolores de cabeza y trastornos cerebrales, entre otros: enfermedades mentales, Parkinson y Alzheimer.

El fosfato potásico nutre el cerebro y los nervios. Se usa para tratar los efectos secundarios del estrés físico y emocional, insomnio, dolores de cabeza, cansancio, mala memoria e irritabilidad. Puede funcionar como tónico para los nervios y sirve para los estudiantes bajo el estrés de los exámenes.

Para qué necesitas tomar fosfato potásico:

- Niveles bajos de energía.
- Insomnio.
- Problemas de memoria.
- Mejorar la capacidad de atención y aprendizaje, perfecto para estudiantes.
- Depresión sin causa aparente.
- Calmar la ansiedad y el estrés.

Esta sal se encuentra en alimentos como el suero de leche, judías, remolacha, aguacate, perejil, harina de linaza, queso, zanahoria, cacahuetes y leche.

Tauro – Sulfato Sódico

Como segundo signo del zodíaco, Taro gobierna la garganta y la zona del cuello, incluyendo amígdalas, cuerdas vocales y tiroides. Aquellos bajo este signo pueden sufrir enfermedades como faringitis, amigdalitis, hipo e hipertiroidismo, bocio o lesiones del cuello. Tauro también gobierna el hígado, por lo que trastornos hepáticos como cirrosis, hepatitis o ictericia deben ser vigilados de cerca.

Aunque esta sal ayuda a tratar el hígado, no se limita solamente a eso. También puede aliviar la irritabilidad, depresión, asma, artritis, fotofobia, verrugas y cambios en la personalidad tras una lesión en la cabeza. Es similar a la árnica.

Para qué necesitas tomar sulfato sódico:

- Ayudar al hígado.
- Asma.
- Náuseas.
- Apoyo frente a la depresión, la tristeza y el miedo.

Alimentos que contienen esta sal: coles de Bruselas, col, coliflor, apio, yema de huevo, colinabo, lechuga, leche, cebolla, rábano y nabo.

Géminis — Cloruro Potásico

Géminis siempre está en movimiento, por lo que es más propenso a las preocupaciones y la ansiedad. Supervisa hombros, brazos, manos, costillas, pulmones, sistema nervioso y sangre. Como tal, Géminis es susceptible de sufrir trastornos nerviosos y de la sangre, problemas pulmonares, como asma o bronquitis, y dolores de cabeza.

El cloruro potásico trabaja con el fluido intercelular, ayudando con afecciones tan variadas como sinusitis, infecciones y dolor de oído, otitis, vaginitis y caspa. Puede ayudar a prevenir la sensibilidad a la presión cuando se viaja en avión.

Para qué necesitas tomar cloruro potásico:

- Sinusitis.
- Dolor de garganta.
- Problemas mentales: nerviosismo y ansiedad.
- Dolor de oído, presión o infecciones.
- Caspa.

Esta sal aparece en alimentos como queso, yema de huevo, lentejas, rábano, espinacas, chucrut, espárragos, zanahoria y coco.

Cáncer — Fluoruro Cálcico

Cáncer rige sobre el pecho, tracto digestivo, útero, hígado y páncreas. Es débil frente a problemas digestivos, como úlceras, dispepsia e indigestión, problemas en las mamas, trastornos uterinos y enfermedades hepáticas.

El fluoruro cálcico se encuentra en las fibras elásticas de la piel, tejido conectivo, esmalte de los dientes, huesos y vasos sanguíneos. Se usa para aliviar varices, heridas, circulación lenta, pérdida de elasticidad, dientes sueltos o sensibles, dentición tardía, relajación de tejidos y vasos sanguíneos, hemorroides, tumores óseos y desplazamientos de órganos.

Para qué debes tomar fluoruro cálcico:

- Pérdida de elasticidad.
- Varices.
- Hemorroides.
- Circulación lenta.

Esta sal puede encontrarse en alimentos como piña, algas marinas, queso de cabra, ajo, remolacha, espárragos y nabo.

Leo — Fosfato Magnésico

Leo suele tener buena salud, pero pueden surgir problemas si se siente descuidado. Este signo gobierna la parte alta de la espalda, la sangre, el bazo, la médula y el corazón. Leo es susceptible a enfermedades como infartos, presión arterial elevada, arteriosclerosis, lesiones medulares, trastornos oculares, enfermedades de la sangre y problemas en la espalda.

El fosfato magnésico es muy bueno para los dolores nerviosos. Esta sal puede ayudar con calambres, lesiones de espalda, latigazos, neuralgias, ciática, tos, cólicos, dolor de muelas, síndrome del túnel carpiano, dolores de cabeza, calambres estomacales, Parkinson, otitis y más.

Para qué necesitas tomar fosfato magnésico:

- Tos.
- Dolores de cabeza.
- Síndrome del túnel carpiano.
- Antiespasmódico; calambres y latigazos.
- Ayudar a la absorción del magnesio procedente de suplementos.

Algunos alimentos que contienen esta sal son almendras, espárragos, hayuco, col, coliflor, cereza, higo, grosella espinosa, pomelo, limón, lima, naranja, melocotón y trigo integral.

Virgo — Sulfato Potásico

Como Virgo puede ser adicto al trabajo, es propenso a enfermedades relacionadas con el estrés. Además, Virgo rige sobre la parte baja del sistema digestivo, como el colon y el intestino delgado, hígado y sistema nervioso simpático. Virgo es susceptible a problemas digestivos e intestinales como úlceras, enfermedad de Cronh, síndrome del colon irritable, colitis, hemorroides, diverticulitis y problemas hepáticos.

El sulfato potásico es bueno para la tos, eccema, caspa, tiña, asma, dolor de oído, sofocos, rigidez articular y cansancio.

Para qué necesitas tomar sulfato potásico:

- Sofocos.
- Rigidez articular.
- Nariz congestionada, resfriados con mucosidad amarilla.
- Detoxificación.
- Psoriasis, cuero cabelludo seco, piel grasa.
- Estreñimiento.
- Fatiga.

Esta sal aparece en alimentos como cebolla, lechuga, coles de Bruselas, col, apio, pepino, coliflor y tomate.

Libra — Fosfato de Sodio

Libra gobierna el hígado, la vejiga, glándula suprarrenal y parte baja de la espalda. Puede ser propenso a enfermedades como piedras en el riñón, lumbago, infecciones del tracto urinario, incontinencia, dolores de espalda y esguinces.

El fosfato de sodio se encuentra en el fluido intracelular del cerebro, nervios, sangre y músculos. Esta sustancia convierte el ácido láctico en sus subproductos. Puede usarse para aliviar los síntomas de reumatismos inflamatorios, dolores de cabeza localizados en la parte superior de la cabeza, gota, dolor sobre y dentro de los ojos, articulaciones inflamadas, halitosis, rigidez, colesterol, náuseas, lumbago, pérdida de apetito y estreñimiento habitual.

Para qué necesitas tomar fosfato de sodio:

- Gota.
- Inflamación.
- Colesterol elevado.
- Náuseas y pérdida de apetito.
- Estreñimiento.

Alimentos que contienen esta sal: espárragos, arroz integral, suero de leche, zumos de cítricos, queso cottage, huevo, lentejas, perejil, zumo de tomate, verduras verdes y trigo integral.

Escorpio — Sulfato de Calcio

Escorpio gobierna sobre los órganos excretores, urinarios y reproductivos. Es propenso a enfermedades del aparato sexual y reproductivo e infecciones del tracto urinario.

El sulfato de calcio aparece en la naturaleza con el nombre de selenita y comercialmente bajo el nombre de "yeso de París", alabastro o simplemente yeso. Está presente en las células hepáticas y en el tejido conectivo.

Para qué necesitas tomar sulfato de calcio:

- Excesiva sensibilidad de los nervios y antojos de frutas ácidas.
- Dolores de cabeza frontales con náuseas.
- Alteraciones pancreáticas, hepáticas y renales.

- Dolor de garganta, resfriados.
- Pus, granos.
- Regeneración celular.

Algunos alimentos que contienen esta sal son coles de Bruselas, col, coliflor, apio, yema de huevo, colinabo, nabo, lechuga, leche, cebolla y rábano.

Sagitario — Sílice

Sagitario se encarga de las caderas, el hígado, pelvis y muslos, haciéndolo propenso a problemas de cadera, lumbago y enfermedades hepáticas.

El dióxido e silicio o sílice afecta a la queratina y los tejidos fibrosos del cuerpo; es importante para que los minerales del cuerpo funcionen bien. Puede ayudar a aliviar la debilidad y mejorar el rendimiento. También puede ayudar al cuerpo a recuperarse rápidamente después de una cirugía o enfermedad, aliviar infecciones de oído crónicas en niños y aumentar la confianza.

Para qué necesitas tomar sílice:

- Escoliosis o debilidad en la espalda.
- Mejorar pelo, uñas, piel y tejido conectivo.
- Limpiar o eliminar desechos.
- Pulmones (asma, falta de aliento, etc.).
- Aliviar la debilidad, mejorar el rendimiento. Aturdimiento por la mañana.
- Falta de confianza y valor.

Esta sal se puede encontrar en el pepino sin pelar, col cruda, zanahoria, cebada, endivias, grosella espinosa, avena, guisantes, centeno, espinacas, fresa, trigo molido y trigo integral.

Capítulo 7: Información Extra

Otra información que puede ser útil cuando investigues tu signo y el significado de todo, son los atributos e influencias que pueden cambiar el horóscopo. Hay cosas como las cualidades de los signos, las Casas Astrológicas, las piedras de nacimiento, los planetas, las fechas de las cúspides y los dioses griegos y romanos que representan a los signos.

Cualidades de los Signos

Cardinal: Viene de la palabra francesa para bisagra. Las direcciones cardinales son Norte, Sur, Este y Oeste. Esto también tiene que ver con las estaciones. Los signos cardinales son Aries, Cáncer, Capricornio y Libra. Se caracterizan por ser pioneros, visionarios y emprendedores. Por lo general, encontrarás a alguien con un signo cardinal en las primeras posiciones, aunque a veces casi por accidente. Pueden tomar el camino largo, pero lo que encuentren por ese camino cambiará las cosas a mejor. Una vez que empiezan algo nuevo, es posible que no tengan la capacidad de quedarse para verlo terminado.

- Aries y Libra son signos de equinoccio: Esto significa que son a la vez la noche y el día. Pueden ser signos de equilibrio o de cambio abrupto.
- Cáncer y Capricornio son signos de solsticio: El solsticio es el día más largo o la noche más larga, lo que indica que son signos de extremos.

Los signos cardinales se asocian con empezar cosas, ser enérgico, agresivo y tener el impulso para lograr cosas nuevas.

- Aries inicia el cambio con urgencia y mucha energía. No puede esperar a realizar su nuevo proyecto.
- Cáncer es emocionalmente asertivo.

- Libra es equilibrado y considera los puntos de vista de los demás. Usa la comunicación para motivar a los demás para pasar a la acción y llevar a cabo sus proyectos.
- Capricornio es práctico y cualquier acción que quiera realizar estará basada en necesidades prácticas.

Fijo: Estos signos son inmutables. Son Acuario, Leo, Escorpio y Tauro. Se caracterizan por ser dignos de confianza, estables y firmes, se adhieren a su forma de hacer las cosas. Su especialidad es el liderazgo si conocen las normas, pero también pueden seguirlas y delegar responsabilidades adecuadamente. A veces, pueden parecer rígidos. Suelen estar preocupados por equilibrar cierto aspecto de sus vidas o mantener las cosas como están. La mayoría de los cambios están destinados a mantener las cosas tal como están, por ejemplo, mantener la casa limpia, un cuerpo saludable y un trabajo estable.

- Tauro no es amante de los cambios en el estatus de su riqueza.
- Leo quiere parecer impresionante, mantener su poder personal y ser creativo.
- Escorpio quiere conocer las emociones de las personas que le rodean y establecer una estabilidad emocional.
- Acuario busca estabilidad en sus creencias.

Mutable: Estos signos son objeto de cambio. Los signos mutables son Géminis, Piscis, Sagitario y Virgo. Son adaptables, siempre cambiantes y experimentales, pero eso puede hacerlos parecer inconsistentes. Tienen mucha creatividad.

- Géminis se centra en la comunicación y la mente. Puede permitir cualquier tipo de cambio y adaptarse al entorno.
- Virgo puede ser analítico y crítico, puede poner fin a cualquier cosa que considerara verdadera y que descubra que no lo era.
- Sagitario es un buscador de conocimiento, trayendo el cambio de la ignorancia al conocimiento.

- Piscis puede cambiar emociones por solidaridad hacia todas las cosas.

Signos Ascendentes: Los signos ascendentes indican los rasgos que muestras cuando estás rodeado de gente, en otras palabras, tu forma de actuar. Tu signo solar revela quién eres en el núcleo de tu personalidad y tu verdadero carácter. Tu signo ascendente es el signo que aparece en el minuto exacto de tu nacimiento sobre el horizonte oriental. Si naciste al amanecer, entonces tu signo ascendente es el mismo que tu signo solar. El solar indica en qué parte del zodíaco estaba el Sol.

Las Casas Astrológicas

El horóscopo fue dividido en doce segmentos, Doce Casas, que representan las doce secciones de la vida:

- La Primera Casa: Ascendente, representa el yo, la gente y su apariencia, comportamiento, personalidad, ambiciones, impulso, energía, prioridades, vitalidad y deseos más profundos. Gobernada por un vivo, enérgico y constructor de imperios Marte y un único Aries.

- La Segunda Casa: Todos los asuntos financieros, independencia financiera, ingresos, deseo de estabilidad, talento constructivo, valores, obligaciones financieras, posesiones materiales, sentido de seguridad y confianza. Está gobernada por el planeta del amor y las finanzas, Venus, y el estable y práctico Tauro.

- La Tercera Casa: Viaje, comunicación, la mente, intelecto, comercio, ideas, medios de comunicación, escritura, discurso, educación, familiares y habilidades académicas. Gobernada por el lógico y hablador Mercurio y el adaptable Géminis.

- La Cuarta Casa: La tierra, el hogar, la familia, orgullo étnico, alma personal y nacional. Gobernada por el sentimental Cáncer y la nutritiva Luna.

- La Quinta Casa: Creatividad, expresión, juventud, niños, placeres, romance, especulación financiera, deportes, juegos, realeza y nobleza. Está gobernada por el astro que reafirma la vida, el Sol, y el imaginativo Leo.

- La Sexta Casa: Salud pública, salud personal, obras de caridad, bienestar, métodos de trabajo, industria de servicios, uniones laborales, servicios militar y civil, empleados. Gobernada por el intelectual e informado Mercurio y el cuidadoso Virgo.

- La Séptima Casa: Agentes, relaciones internacionales, asociaciones de negocios, asuntos legales, contratos, política, guerra, disputas, divorcio, matrimonio y escándalos públicos. Gobernada por el tierno y sofisticado Venus y conectado por Libra.

- La Octava Casa: Corporaciones, impuestos, acuerdos financieros, seguros, deudas, hipotecas, comunas, mercados de valores, muerte, renacimiento, regeneración, renovación, lo oculto y transformación de energía. Está gobernada por el guerrero Marte, con un intenso Escorpio a través del catalizador Plutón.

- La Novena Casa: Viajes distantes, asuntos exteriores, comercio, la ley, las cortes, educación superior, filosofía, iglesia y profecía. Gobernada por el afortunado Júpiter y el metafísico y académico Sagitario.

- La Décima Casa: Honores, recompensas profesionales, fama, ascensos, oportunidades profesionales o estatus, gobierno, vidas pública y ejecutiva. Gobernada por el diligente y solemne Saturno y el trabajador Capricornio.

- La Undécima Casa: Finanzas gubernamentales, programas sociales, cooperación, asociaciones idealistas, teatro, esperanza en el futuro, amigos e inventos rentables. Gobernado por el artístico y científico Urano y el peculiar Acuario.

- La Duodécima Casa: Sueños, instinto, karma, mente subconsciente, secretos, enemigos, prisiones, hospitales, monasterios, espiritualidad, exilio y búsqueda de autorenovación. Gobernado por el místico y desinteresado Neptuno y el empático Piscis.

Planetas y Astros

Cada uno de los planetas o astros se usa en coordinación con un signo del zodíaco e influye sobre algunos rasgos de ese signo en particular:

- Sol: El astro de la vida, la vitalidad, el ego, la creatividad y la expresión.

- Luna: Vinculada a los estados de ánimo, las emociones, la feminidad, la intuición, las madres y los hijos.

- Mercurio: Lleno de lógica, intelecto, percepción, pensamiento y comunicación.

- Venus: Conectado con el romance, el amor, el placer, la feminidad, la belleza y el arte.

- Marte: Asociado con el poder, la agresividad, el impulso, el instinto y la masculinidad.

- Júpiter: El planeta de la suerte, la religión, el crecimiento, la abundancia, la expansión, el aprendizaje y los viajes.

- Saturno: Vinculado con el tiempo, la disciplina, la estructura, las restricciones, la autoridad y los límites.

- Urano: Conectado con el individualismo, la ciencia, la rebeldía, la revolución, la excentricidad, el humanitarismo y los inventos.

- Neptuno: El planeta de la espiritualidad, los sueños, la ilusión, los engaños, la unicidad y las adicciones.

- Plutón: Asociado con la sanación, la transformación, la alquimia, la obsesión, la vida y la muerte.

Piedras Preciosas

- Enero – Capricornio – Granate, del latín *granatum*, que significa semilla; se parece a una semilla de granada. Esta piedra representa lealtad, confianza y amistad.

- Febrero – Acuario – Amatista, como otros cristales de cuarzo, vinculada con habilidades psíquicas y puede ayudar a conseguir concentración espiritual y claridad.

- Marzo – Piscis – Aguamarina y heliotropo, ambos se asocian con este mes. La aguamarina recibe su nombre de su color y se asocia con viajes por mar seguros y proteger a los marineros. Tiene un efecto calmante en quien la lleva. El heliotropo se asocia con ser sabio y valiente.

- Abril – Aries – Diamante, vinculado por mucho tiempo con propiedades curativas, se cree que puede eliminar toxinas e impurezas de quien lo lleva. Representa la pureza y la inocencia.

- Mayo – Tauro – Esmeralda, vinculada con el renacer, la suerte, la renovación y la juventud.

- Junio – Géminis – Perla y piedra de Luna. La perla es la única piedra de nacimiento creada de forma natural por un organismo vivo y no necesita ser pulida. Representa el mar y la belleza natural. La piedra de Luna se asocia con la habilidad de metamorfosear la apariencia.

- Julio – Cáncer – Rubí, asociado con la riqueza, la sabiduría y el amor. Se usa para despertar los sentidos y la consciencia propia de quien lo lleva.

- Agosto – Leo – Olivina, con propiedades curativas y se dice que aleja las pesadillas. Además, da a quien la lleva gran influencia y poder. Se forma en las profundidades y alcanza la superficie a través de los volcanes.

- Septiembre – Virgo – Zafiro, vinculado con proteger a quien lo lleve y llenarlo de bendiciones celestiales.

- Octubre – Libra – Ópalo, que son piedras coloridas, radiantes y vibrantes que representan la versatilidad y la diversidad.

- Noviembre – Escorpio – Topacio y citrino. Ambas piedras se asocian con el bienestar, la sanación, la harmonía y la energía.

- Diciembre – Sagitario – Tanzanita y turquesa. Estas piedras se asocian con proteger a los viajeros del peligro y mantener su gusto por la aventura.

Fechas de la Cúspide entre dos Signos

Las cúspides del zodíaco representan los días donde un signo está ascendiendo mientras otro se pone. Es un momento propicio para nacer, puesto que las cúspides son momentos de sorpresa, concesión, variación, principios y finales. Las cúspides traen nuevas perspectivas y posibilidades, los conocimientos sobre los rasgos de estas cúspides pueden ser realmente reveladores.

- ACUARIO/PISCIS: 16-22 de Febrero – Cúspide de la Sensibilidad

    o Aquellos en la cúspide de Acuario-Piscis son tanto procrastinadores como orientados a los objetivos. Aunque, a veces, puede ser su desorganización la que lleve a la procrastinación. Tiene mucha energía creativa, emoción y compasión, por lo que puede olvidar las obligaciones diarias y su organización.
    o Gobernado por Urano y Neptuno, las personas bajo esta cúspide son muy queridas, brillantes, increíbles, creativas e inteligentes. Los demás pueden no comprenderlos, pero ellos sí entienden a los demás. Su mente funciona diferente, pero lo hace de una forma maravillosa.

- CAPRICORNIO/ACUARIO: 17-22 de Enero – Cúspide del Misterio y la Imaginación

    o Para los nacidos bajo la cúspide de Capricornio-Acuario, su vida privada es muy importante y están muy implicados en sus sueños y fantasías internas.
    o Las personas de esta cúspide pueden sentirse decepcionadas con la vida real. El aburrimiento de la realidad puede ser agobiante para los Capricornio-Acuario. Puede acabar afectando a sus relaciones.
    o Los Capricornio-Acuario son buenos con la comunicación y su relación más satisfactoria implica discusiones intelectuales y animadas. Aunque la conjunción de Saturno y Urano es creativa y emocional, también admiran la lógica y el razonamiento. Aquellos bajo esta cúspide pueden ser competitivos y decididos. Combinado con su creatividad, puede conducir al éxito en el trabajo.

- Aquellos bajo la cúspide de Capricornio-Acuario tienen muchas contradicciones en sus personalidades: necesitan seguridad y les encanta la libertad, les encanta aprender y les abruman los retos de la vida, desencantados con la realidad, pero decididos a mejorar y cambiar el mundo.
- A veces demasiado críticos, pueden alienar a los demás.

• SAGITARIO/CAPRICORNIO: 19-25 de Diciembre - Cúspide de la Profecía

- La gente bajo esta cúspide tiene un sentido de lo que se necesita hacer sin igual y son los que, con frecuencia, acaban haciéndolo. Son dignos de confianza, ambiciosos y lo suficientemente optimistas para hacer cambios.
- Con una personalidad meticulosa, Sagitario-Capricornio tiene maña para prepararse a conciencia y es el compañero de viaje perfecto.
- Como parte de la relación, Sagitario-Capricornio puede ser un gran compañero en el que confiar, leal y comprensivo. Por desgracia, también tiene un intenso deseo de controlar sus alrededores y puede ser temperamental.

• ESCORPIO/SAGITARIO: 19-24 de Noviembre - Cúspide de la Revolución

- Escorpio tiene una energía oscura e intensa que puede parecer un poco rebelde, pero eso puede esperarse de cualquiera regido por Marte, Júpiter y Plutón.
- Escorpio-Sagitario aprende haciendo y es un experto autodidacta. Puede aplicar lo que ha aprendido para disfrutar de nuevas aventuras. Puede ser una maravillosa figura de autoridad.
- Con el potencial para ser poderosos y realmente progresistas, aquellos bajo esta cúspide necesitan

mantener la objetividad, no dejar que sus emociones saquen lo peor de ellos y mantener las reacciones estúpidas al mínimo.
- Los celos pueden ser una debilidad, por lo que las personas bajo esta cúspide pueden ser posesivos en sus relaciones, pero también románticos, amables y cariñosos.
- Si eres Escorpio-Sagitario, considera seriamente ser tu propio jefe. Y en lo que a tus interacciones laborales se refiere, céntrate en la generosidad y la amabilidad.
- Aunque el pesimismo y la actitud degradante pueden ser rasgos dominantes, su amor por la vida te hará querer ir con ellos a cualquier parte.

- **LIBRA/ESCORPIO: 19-25 de Octubre - Cúspide del Drama y la Crítica**

  - Las personas bajo la cúspide Libra-Escorpio dicen la verdad, sin importar que pueda herir. Este rasgo puede ser útil en las áreas tanto personal como laboral, pero también puede provocar drama si no se utiliza de forma constructiva. Pueden dar la impresión de mandones y sarcásticos.
  - En relaciones, la cúspide Libra-Escorpio es leal y romántica, pero puede necesitar que le recuerden que los celos no mejoran la relación.
  - La determinación y la tenacidad son útiles en la vida profesional de Libra-Escorpio, cosa que puede darles la necesidad de conseguir objetivos autoimpuestos.

- **VIRGO/LIBRA: 19-24 de Septiembre – Cúspide de la Belleza**

  - Al igual que Libra, Virgo-Libra puede obsesionarse con la belleza. Con el añadido de tener un buen ojo para los detalles, Virgo-Libra puede ser el amante del arte definitivo.

- Las personas bajo esta cúspide tienden a ser creativos, inteligentes, muy carismáticos, sensibles y amables. Se sienten atraídos por el arte, las personas atractivas y otros placeres sensuales. Organizador de eventos y conservador de arte son buenas opciones laborales. Necesitan asegurarse de no centrarse solamente en el exterior de quienes les rodean.
- Con su sentido de la responsabilidad y la justicia, siempre están cuidando a los demás. Cuando están en una relación, se aseguran de hacer esas pequeñas cosas que hacen que su pareja se sienta especial.
- Algunos de los puntos fuertes de Virgo-Libra son su mentalidad abierta y justicia con la que afrontan los proyectos en equipo. Siempre que ambas partes lo enfoquen con respeto, disfruta de un debate sano ocasional.

- **LEO/VIRGO: 19-25 de Agosto - Cúspide de la Exposición**

    - En aquellos bajo esta cúspide, el fuego se encuentra con la tierra, la pasión con la meticulosidad, las órdenes con el cuidado. Estos rasgos que parecieran no encajar, pueden hacer de Leo-Virgo se sienta en un conflicto constante.
    - El conflicto puede ser entre sus partes introvertida y extrovertida. La independencia, la discreción, la comunicación y el liderazgo son rasgos dominantes y es todo un reto saber cuándo y dónde decir las cosas. Si una persona bajo esta cúspide está defendiendo alguna causa, puede ser tremendamente persuasiva.hay un activista en el corazón de cada Leo-Virgo. Y, aunque disfrute con esa causa, su discreción puede ser un obstáculo y puede generar problemas en un grupo.
    - Aquellos bajo esta cúspide buscan intimidad, pero es algo con lo que tienen dificultades, especialmente por la exposición que requiere la

verdadera intimidad. Puede parecer un problema raro, sabiendo que la mitad del tiempo quienes están bajo esta cúspide son directos, claros y muy comunicativos.

- CÁNCER/LEO: 19-25 de Julio - Cúspide de la Oscilación

    o Leo es feroz, mientras que Cáncer es más emotivo y, combinados, pueden reaccionar desproporcionadamente ante cualquier pequeño problema. Esto garantiza que no habrá ni un momento aburrido.
    o La cúspide Cáncer-Leo se centra en el movimiento, tanto físico como emocional. En constante flujo cuando se trata de emociones, puede que le cueste alcanzar el equilibrio y puede beneficiarse de la meditación o la espiritualidad. Aunque parece tímido al principio, entra en confianza rápidamente y puede llegar a ser el centro de atención.
    o Aquellos bajo esta cúspide pueden ser sensibles a las críticas, por lo que ten cuidado con las palabras que utilices. Con una excelente memoria, también pueden guardar rencor. Les encanta ser amados y es muy divertido pasar tiempo con ellos. Desafortunadamente, también se les hiere con facilidad con palabras bruscas.

- GÉMINIS/CÁNCER: 19-24 de Junio - Cúspide de la Magia

    o Aquellos bajo esta cúspide son el centro de atención. Pero su personalidad extrovertida puede ocultar una serie de emociones descontroladas justo debajo de la superficie. Sin embargo, esto los convierte en afectivos y sensibles.
    o Aunque pueda parecer fácil de leer, Géminis-Cáncer es reservado con sus sentimientos. Puede que ni siquiera los amigos y la familia sean conscientes de lo que le pasa, pero Géminis-Cáncer sí tiene un profundo conocimiento de los

pensamientos y sentimientos de todos lo que le rodean.
- o Puede llevarle algo de tiempo, pero una vez que se compromete, lo hace al 100%. Puede parecer un poco ligón, incluso después de comprometerse. Como está gobernado por la Luna y Mercurio, le gusta rodearse de personas en las que confía. Sin embargo, para esta cúspide la confianza puede ser difícil de encontrar.
- o Valora la familia y es importante para esta cúspide, incluyendo a los amigos que son como de la familia, familiares de sangre y aquellos que han conseguido entrar en su círculo más íntimo.

- TAURO/GÉMINIS: 19-24 de Mayo - Cúspide de la Energía

  - o La energía y el encanto de Géminis encaja con el diligente y tolerante Tauro. Una cúspide muy poderosa que combina inteligencia y modestia, adaptabilidad y creatividad, ambición y pies en la tierra. Muy productiva, pero también puede dispersarse algunas veces. Cuando crees que puedes hacerlo todo, es difícil decir que no a cualquiera que te pida algo.
  - o Buenos comunicadores, estas personas pueden hablar con cualquier persona sobre cualquier cosa, pero no son igual de buenos escuchando, por lo que pueden monopolizar las conversaciones e interrumpir a su interlocutor. Esto incluye ser empático con amigos que estén pasando por un momento difícil y quieran hablar de ello.
  - o Para los que están bajo esta cúspide son muy importantes la independencia y el reconocimiento por su trabajo duro. Mercurio y Venus los representan, por lo que poseen energía sin límites cuando se concentran, convirtiéndolo en un rasgo positivo, pero cuando está desatada puede producirles ansiedad.

- ARIES/TAURO: 19-24 de Abril - Cúspide del Poder

    - Esta cúspide combina dos de las personalidades más dominantes del zodíaco. Si le dan algo de poder, llegará directo a la cima y más.
    - Su poder se ve amortiguado por un espíritu templado. Gobernada por Venus y Marte, aquellos bajo esta cúspide son amigos que se cuidan y preocupan, amantes del arte y líderes considerados. Su lema es "trabajar duro y divertirse mucho", pero puede ser un poco abrumador tanto para ellos como para quienes les rodean.
    - Como líderes poderosos y solucionadores de problemas, a las personas bajo esta cúspide les encanta dar consejos. Si el consejo tiene que ver con un ascenso o resolver un desafío complejo, hazles caso. Pero, si estás preguntando sobre cómo curar un corazón herido o reconquistar un amor perdido, entonces quizás sea mejor que le preguntes a otra persona. Aries-Tauro no está tan en sintonía con las emociones como lo está con la resolución de problemas.

- PISCIS/ARIES: 19-24 de Marzo - Cúspide del Renacimiento

    - Una cúspide muy exitosa, Piscis-Aries es un líder poco convencional pero eficaz. No tiene miedo de pasar a la acción, pero puede pensar demasiado las cosas, generándole dudas. Esto puede hacer que sus proyectos estén inactivos y su impulsividad puede tomar el mando. Esto puede convertir cualquier situación con ellos emocionante y desafiante.
    - Aquellos bajo esta cúspide pondrán a prueba los límites incluso sin darse cuenta. Ocasionalmente, esto puede llevar a malentendidos o sentimientos heridos, pero los nacidos bajo la cúspide Piscis-

Aries son muy buenos haciendo sentir cómodos a los demás.
- o Gobernada por Marte y Neptuno, esta cúspide está muy interesada no solo en su propio éxito, sino que le gusta ayudar a su familia y amigos cercanos. Se le da bien alcanzar ese éxito si puede mantener su impaciencia bajo control y mejorar su habilidad comunicativa.

Dioses griegos y romanos que se asocian a los signos

- Aries: Dios griego Ares (o el romano Marte), asociado con la guerra, la sed de sangre, la violencia, el odio, el valor y el orden civil. Sus animales sagrados son el caimán, el buitre, el perro y las serpientes venenosas.

- Tauro: Diosa griega Afrodita (o la romana Venus), asociada con el amor y la belleza. Su animal sagrado es la paloma.

- Géminis: Dios griego Hermes (o el romano Mercurio), vinculado con la decepción, los ladrones, los viajeros, la medicina, el comercio, los viajes, los mensajeros, la astucia, la diplomacia, el lenguaje, la escritura y la cría de animales. Hermes era el mensajero que escoltaba las almas de los muertos al Hades. Sus animales sagrados son el carnero, la tortuga y el halcón.

- Cáncer: Diosa griega Artemisa (o la romana Diana), la diosa virgen de la caza, la virginidad, el nacimiento, lo silvestre, los animales salvajes y las plagas. Sus animales sagrados son el jabalí, el ciervo y el oso.

- Leo: Dios griego Apolo (o el romano Febo), vinculado con las profecías, las artes, la música, la luz, la sanación, las plagas, la poesía, la verdad, la arquería y el Sol. Sus animales sagrados son el cisne, el delfín, el ciervo, el cuervo, la cigarra, el halcón, la vaca y las serpientes.

- Virgo: Dios griego Hermes (o el romano Mercurio), vinculado con la decepción, los ladrones, los viajeros, la medicina, el comercio, los viajes, los mensajeros, la astucia, la diplomacia, el lenguaje, la escritura y la cría de animales. Hermes era el mensajero que escoltaba las almas de los muertos al Hades. Sus animales sagrados son el carnero, la tortuga y el halcón.

- Libra: Diosa griega Afrodita (o la romana Venus), asociada con el amor y la belleza. Su animal sagrado es la paloma.

- Escorpio: Dios griego Hades (o el romano Plutón), que es el dios de la muerte, el inframundo y las riquezas ocultas de la Tierra. Su animal sagrado es el búho.

- Sagitario: Dios griego Zeus (o el romano Júpiter), rey de los dioses y dios del cielo, las nubes, el aire, el clima, las tormentas, los relámpagos, la ley, el destino y el orden. Según la mitología griega, Zeus era el rey del monte Olimpo. Sus animales sagrados son el toro y el águila.

- Capricornio: Dios griego Cronos (o el romano Saturno), dios del tiempo. Es la fuerza cruel y tempestuosa del caos y el desorden que dio origen a Zeus y los demás dioses.

- Acuario: Dios griego Urano (o el romano Caelus), asociado con el cielo, era el soberano original del universo.

- Piscis: Dios griego Poseidón (o el romano Neptuno), vinculado a las tormentas, los terremotos, el mar, los ríos, las inundaciones y las sequías, creador de los caballos. Sus animales sagrados son el delfín y el caballo.

Conclusión

Gracias por leer *Astrología*. Espero que haya sido informativo y te haya dado todas las herramientas que necesitas para alcanzar tus objetivos, sean cuales sean.

Recuerda, la mejor manera de usar la astrología es centrarse en los aspectos positivos y sacar provecho de la información sobre cada signo presente en tu vida. Cree lo que quieras creer y recuerda que tu vida está en tus manos, la astrología está ahí para ayudar.

Por último, si has encontrado de alguna manera útil este libro, por favor, deja una reseña en Amazon, ya que me permitirá seguir produciendo libros de calidad.

Fuentes y Páginas Web

- Páginas web:

  https://www.horoscopedates.com/zodiac-signs/
  http://www.astrology-zodiac-signs.com/
  https://trans4mind.com/personal_development/astrology/LearningAstrology/quadruplicities.htm
  http://astrostyle.com/zodiac-signs/
  https://www.astrologers.com/about/history
  https://www.astrology.com/game/compatibility/zodiac-signs/love.html
  https://www.lightforcenetwork.com/erwin/astrological-health-and-12-cell-salts-according-each-sign
  https://lovelovething.com/cell-salts-easy-homeopathy/
  http://www.brighterdayfoods.com/PDFDocs/l/LR72WHCKJQ1V9LTGKT8CGWX7TM5B1NP5.PDF
  https://spiritualfindings.weebly.com/zodiac-theories.html
  http://www.demianallan.com/the-best-spiritual-practices-for-the-twelve-zodiac-signs/
  https://www.astrology.com/on-the-cusp
  http://www.aquariuspapers.com/astrology/2008/04/the-12-cell-sal.html
  https://nypost.com/2017/10/23/millennials-are-ditching-religion-for-astrology/

- *Aspects*, Robin Antepara, Llewellyn Publications, ©2006.

- *Everyday Astrology,* Gary Goldschneider, Quirk Books Philadelphia, ©2009.

www.ingramcontent.com/pod-product-compliance
Lightning Source LLC
Chambersburg PA
CBHW050317010526
44107CB00055B/2277